Die einhundertelf Liebesbriefe Pablo Nerudas sind keine zufälligen Briefe an eine zufällig geliebte Frau: Sie gelten Albertina Rosa, die Neruda zu heiraten hoffte. Doch Albertina entschied sich anders. Wer die *Memoiren* Nerudas gelesen hat, kennt die Geschichte seiner großen Liebe. Persönlich, sympathisch warm und menschlich ist der Ton der Briefe an Albertina: Sie handeln von Zuneigung und alltäglichen Sorgen, von Hoffnungen und Enttäuschungen. Es versteht sich, daß diese Briefe nicht den Anspruch erheben wollen, literarisches Dokument zu sein – sie werfen Licht auf eine Beziehung, auf ein kurzes Stück Leben, auf eine große Liebe.

Pablo Neruda, Dichter und Nobelpreisträger, Politiker, Botschafter und Präsidentschaftskandidat, wurde im Süden Chiles am 12. Juni 1904 geboren; er starb am 23. September 1973.

insel taschenbuch 1807

Pablo Neruda

Liebesbriefe an Albertina Rosa

Pablo Neruda
Liebesbriefe an Albertina Rosa

Zusammengestellt, eingeführt und
mit Anmerkungen versehen von
Sergio Fernández Larraín
Aus dem Spanischen von
Curt Meyer-Clason

Insel Verlag

Umschlagabbildung:
Julio Galan, Mädchen mit magischem Kleid

insel taschenbuch 1807
Erste Auflage 1996
Insel Verlag Frankfurt am Main und Leipzig

Vertrieb durch den Suhrkamp Taschenbuch Verlag
Umschlag nach Entwürfen von Willy Fleckhaus
Satz: Hümmer GmbH, Waldbüttelbrunn
Druck: Nomos Verlagsgesellschaft, Baden-Baden
Printed in Germany

1 2 3 4 5 6 – 01 00 99 98 97 96

Inhalt

Einführung

Geburt, Kindheit und Jugend

Neruda sieht das erste Licht der Morgenröte in Parral, »Chiles zentrale Erde, wo / die Weinstöcke ihre grünen Mähnen krausen / die Traube sich vom Lichte nährt / der Wein unter des Volkes Füßen entspringt«.[1]
Sein Vater heißt José del Carmen Reyes Morales. Sein Großvater José Angel Reyes Hermosilla ist ein Kleinbauer mit »wenig Land und vielen Kindern«.[2]
José del Carmen »verließ blutjung das väterliche Land, verdingte sich als Arbeiter in den Docks des Hafens von Talcahuano und wurde schließlich Eisenbahner in Temuco[3]... Ein Eisenbahner durch und durch.«[4]
Im Oktober 1903 ehelicht José del Carmen die Lehrerin der Mädchenschule No. 2 von Parral, Rosa Neftalí Basualto Opazo, »eine schwarzgekleidete, schlanke und versonnene Frau«[5], und am 12. Juli 1904 wird Ricardo Eliecer Neftalí Reyes geboren, in »einem staubigen, weißen und entlegenen Dorf«.[6] Um einen Monat und wenige Tage nur überlebt seine Mutter die Geburt; von der Schwindsucht ausgehöhlt, verzehrt sie sich und verlöscht vor der Vollendung ihres ersten Ehejahrs. »Von dorther stamme ich, aus jenem / Parral der bebenden Erde / der traubenüberladenen Erde, / die da aufsprießen / von meiner toten Mutter her.«[7]

»Durchsichtig war ihr Leib. Sie barg / unter ihrem Fleisch ein Sternenlicht / einen unbezwinglichen Abendgesang / der mein Lachen entzündet und es einfriert.«[8]

Im Jahre 1906 zieht der rauhe Eisenbahner Reyes Morales, »ans Befehlen und Gehorchen gewöhnt«[9], der strenge Zugführer mit »goldschimmerndem Bart«[10], nach Temuco, wo er in zweiter Ehe Trinidad Candia Marverde heiratet, vom Dichter zärtlich »Mamadre« genannt, da er sie nie als Stiefmutter *(madrasta)* zu begreifen vermochte.[11] Kaum erwacht sein Verstand, sieht der kindliche Dichter in ihr »die Güte, in armselige dunkle Lumpen gekleidet, / die nützlichste Heiligkeit: / die des Wassers und des Mehls«. So bekennt er ohne Zögern: »Ich habe / in meinem Blut dein Marverdegeschlecht, / den Namen / des Brots, das sich austeilt, / jener / sanften Hände / die aus dem Mehlsack / die Unterhosen meiner Kindheit zurechtschnitten…«[12]

Nerudas fernste Erinnerung an seine ersten Kindheitsjahre: er sieht sich »auf ein paar Decken vor dem Elternhaus sitzen, das zum zweiten oder dritten Mal brannte, um das Jahr 1906 oder 1907«.[13]

»Aber die Sägemühlen sangen«, sagt der Dichter, in den Ländern des Südens. »Und von neuem roch es im Haus der Reyes Candia nach frischem Holz.«[14] Nie wird der Heranwachsende seinen besten Freund vergessen, das Holz. Immer wird er in seinem Körper, in seinen »Kleidern den Duft / der Sägemühle, / den Geruch nach roten Brettern / mitnehmen in die Welt…«. Denn meine »Brust, meine Sinne sogen sich in meiner Kindheit voll mit fallenden Bäumen«.[15]

Und mit dem Holz auch das Wasser, das ihm Leben schenkt und es nährt. »Die großen ewigen Regen waren die Musik auf dem Dach« seines Kindheitshauses.[16] »Es regnete ganze Monate, ganze Jahre. Der Regen fiel in Fäden wie lange Glasnadeln…«[17]

»Die Traufen sind das Klavier meiner Kindheit…« wird er sich später erinnern. »Der Konzertflügel der Traufen spielte den ganzen Winter hindurch. Beim ersten Regen entdeckte man neue Traufen, die mit ihrer süßen Stimme die alten Traufen begleiteten. Meine Mutter stellte ihre Tontöpfe auf… Ein jeder entließ einen bestimmten Ton, einen jeden erreichte aus dem stürmischen Himmel eine andere Botschaft, und ich unterschied den hellen Laut eines gekachelten eisernen Waschbeckens von dem dumpfen, verbitterten eines verbeulten Eimers. Das ist fast die ganze Musik; das Klavier meiner Kindheit und seine Noten … haben mich überall dahin begleitet, wo es mir zufiel zu leben, sie sanken in mein Herz und in meine Dichtung.«[18]

1910, kaum sechs Jahre alt, tritt Neruda in das Gymnasium von Temuco ein, »ein trauriges Gefängnis[19] voller Polarkälte«[20], wo er 1920 das humanistische Abitur ablegt.

»Zu jener Zeit kam nach Temuco eine hochgewachsene Dame in langen Kleidern und Schuhen mit niederen Absätzen. Sie war die Direktorin des Gymnasiums. Sie kam aus unserer Südpolstadt, aus den Schneefällen von Magallanes. Sie hieß Gabriela Mistral.«

Sie, die Lehrerin – so erzählt Neruda –, weihte ihn ein in die Großen der russischen Literatur … Aus den Falten ihrer Priestergewänder zog sie Bücher, die sie ihm überreichte und die der junge Schüler verschlang.
Die Bücher, das Holz, die Wälder, das Wasser und der Regen, die Insekten und die Vögel, die ganze Natur umgeben und formen sein Leben und seinen Charakter.

»Gestern, als ich über die Hügel galoppierte« – wird er an seine geliebte Albertina Rosa schreiben –, »dachte ich an Dich. Von dort habe ich Handtaschen voller Haselnüsse mitgebracht, voller Schößlinge, Copihueblüten, Boldozweige, Myrten.«[21]

1920 beendet Neruda seine Gymnasialzeit in Temuco. Trotz seiner sechzehn Jahre ist er schon ein Sieger. Im Oktober hat er sich für seine Werke das Pseudonym Pablo Neruda zugelegt.[22] Als Präsident des *Ateneo Literario* von Temuco, stellvertretender Sekretär des Studentenbundes von Cautín gewinnt er am 28. November beim Frühlingsfest die höchste Auszeichnung, den ersten Preis des Dichterwettbewerbs. Zur gleichen Zeit arbeitet er an ›Die seltsamen Inseln‹ und ›Die nutzlosen Ermüdungen‹, Kern und Keim des künftigen ›Buchs der Morgendämmerungen‹.

In Santiago entsteht der Liebesroman

Doch greifen wir nicht vor. Im März 1921 reist Neruda in der dritten Klasse eines Nachtzugs nach Santiago. »Nach einer nicht enden wollenden Tag-und-Nacht-Fahrt«[23] kommt er in der Hauptstadt an, leicht durchtränkt »von Nebel und Regen«.[24] Er belegt im Instituto Pedagógico das französische Fach. Sein Ziel ist das Lehramt dieses Fachs. In seiner Klasse lernt er eine Kommilitonin kennen, Albertina Azócar Soto, und befreundet sich mit ihr. Augenscheinlich entsteht sofort die leidenschaftlichste aller Liebesgeschichten. Sie ist jung wie er. Und wie er stammt sie aus dem südlichen, ungezähmten Chile, von den harten Steinen und den eiskalten Gewässern. Im wilden Land von Arauco geboren, gehört sie einem Geschlecht an, welches das Lehramt zum Kult erhoben hat.

Ihre Eltern, Ambrosio Azócar Peña und Juana Soto Rodríguez, üben den Lehrerberuf aus. In ihrem Heim werden sechs Kinder geboren: drei Jungen, drei Mädchen. Und alle werden Lehrer. Der erstgeborene der Söhne heißt Víctor. Ihm folgt Rubén, der Dichter. Der jüngste, Augusto, stirbt in der Blüte

der Jugend. Von den Mädchen ist Etelvina die älteste, Adelina die zweite und die jüngste Albertina Rosa.
Vierzehnter Oktober 1921: »Das Lied des Festes«. Preis des Frühlings. Wie in Temuco, neuer Triumph des jungen Dichters, »schmale schwarze Degenklinge, die sich zwischen Jasmin und Masken bewegt... unter Schellengeläut und... Luftschlangen«.[25]
1921-1923. Jahre der sozialen Unruhe und der Studentenboheme. »Der alte Wein brachte das Elend zum Schillern, das wie Gold bis zum nächsten Morgen glänzte.«[26] »Studentenliebe im Oktobermonat / mit Kirschen in ärmlichen Straßen brennend / und trillernder Straßenbahn an den Ecken.«[27]
Jahre der leidenschaftlichen Liebe zu Albertina Rosa, der schönen Gefährtin mit den traurigen Augen. Die Rosaura aus ›Memorial von Isla Negra‹. Seine »Rosaura der Rose... Haar an Haar / Mund am Kuß...« Die Liebe: »ohne ein Wort... die Wildheit der Zuckungen... ein Schlag in den Rosenbusch.«

»Rosaura, / Vorübergehende / wasserfarbene...« am Arm des Dichters, der in den Fluß Mapocho blickt, ihn betrachtet, als entglitte ihr Leben im Wasser.

»Rosaura, Herbstzeit, ferner / schmaler Honigmond / schweigsame Glocke.«[28]

»Neruda studierte im Instituto Pedagógico« – schreibt Tomás Lago in ›Pro Arte‹, in einem Aufsatz ›Damals, in den zwanziger Jahren...‹ – »und gehörte zu einer Gruppe von Studenten, die in den Pensionen rings um das an der Ecke zwischen Cumming- und Alameda-Straße gelegene Institutsgebäude wohnten. Zwischen dem Hauptbahnhof und der Avenida Brasil wogte geselliges Leben mit seiner goldenen Legende, seinen Dramen und Komödien, wie überall, wo junge Männer und

Mädchen zusammenkommen. Dort bewegte sich täglich der junge Reyes (heute Pablo Neruda) mit seinem spitzen Gesicht und seinem unerschütterlichen Blick in Begleitung seiner Freundin.«[29]
Ähnliche Erinnerungen an diese Zeit hat uns der Dichter Roberto Meza Fuentes überliefert, mündlich, in der Intimität seines Hauses.

Einhundertundelf Liebesbriefe

Die ersten Begegnungen des Dichters mit seiner Jugendliebe fallen ins Jahr 1921, das Jahr der politischen und sozialen Umwälzungen, die Chile während der ersten Präsidentschaft Arturo Alessandris erschütterten. Im nerudianischen Kalender steht ein genaues Datum, das der Dichter niemals vergißt: der 18. April. An diesem Tag ist er sechzehn Jahre, neun Monate und sechs Tage alt. Seine Biographen und Lobredner übergehen Nerudas erste Liebesleidenschaft. Die Gründe? Sie fehlen nicht. Zunächst die hohe Stellung, welche die damalige Inspiratorin seiner besten Gedichte später einnehmen sollte. Von ihr wird im Lauf dieser Erinnerungen und Rückblicke mehrfach die Rede sein. Über hundert, unter den verschiedensten Umständen von Hand geschriebene Briefe Nerudas werden uns geleiten. In Santiago, in Valparaíso, in Temuco, in Puerto Saavedra, wo er ›Das erste Meer‹ entdeckte, wo »in den Raddampfern seine Träume und sein Leben haltmachten und ihre Fragen in seinen Wimpern zurückließen...«[30]. Im Südland, in Chiloé, auf seinen Inseln und Kanälen, und später im Fernen Osten, in Ceylon, außerhalb Colombos, wo er »lange Zeit allein an einer menschenleeren Küste wohnte, an der Mündung eines Flusses, wo täglich morgens und abends die herrlichen Elefanten der Insel badeten«.[31]

Aus Ceylon, der »grünen Taube des Dichters«[32], der heiligen Insel, dem Schrein, in dem sein »junges«, sein »verbanntes, verlorenes Herz schlägt«[33], sendet er am 18. Dezember 1929 seiner geliebten Albertina Rosa den leidenschaftlichsten Brief seiner Briefsammlung, in dem er sie anfleht, in den Orient zu kommen, seine Frau zu werden, und in dem er sie an seine »stets große Liebe« erinnert. »Ich denke an Dich« – schreibt er – »mit so viel Leidenschaft, fast im Schmerz! Ich glaube, ich gestehe Dir zum ersten Mal, wie sehr ich Dich immer geliebt habe.«[34]

Diese bemerkenswerte Sammlung von einhundertundelf Briefen, dazu etwa zwanzig Faksimiles der berühmtesten Gedichte aus der ersten Phase seines dichterischen Schaffens übergeben wir dem Leser in diesem Buch.

Neruda schmückt die bei allen erdenklichen Gelegenheiten, auf zerknitterten, vergilbten Formularen des staatlichen Telegraphenamts, auf Rezepten seines engen Freundes Dr. Juan Gandulfo, auf Briefkarten der Dichterin Juana de Ibarbourou oder auf Blättern mit dem Briefkopf von Temucos Tageszeitung ›La Mañana‹ oder von ›Claridad‹, der Kampfzeitschrift des Studentenbundes, geschriebenen Briefe häufig mit Bleistiftzeichnungen.[35]

Da sie bis auf seltene Ausnahmen nicht genau datiert sind, haben wir sie nach den angeschnittenen Themen und unseren Ermittlungen geordnet. In einigen Fällen haben wir sie zur Erläuterung von Namen und Anspielungen mit Fußnoten versehen. Der Rest möge der Phantasie überlassen bleiben.

Albertina Rosa und ihre verschiedenen Namen in der Einbildungskraft des Dichters

An Albertina Rosas Namen hängt der Dichter je nach Seelenverfassung verschiedene, bald zärtliche, bald leidenschaftliche und häufig kindische Beinamen: »Verwöhnter Wurm, Schmeichelwurm. Kind der Geheimnisse. Mein Rotznäschen. Frosch, Schlange, Spinne. Meine Kleine. Goldkäfer. Übles Weibsstück. Angebetete Puppe. Kleine Kanaille. Rotznäschen der Erinnerungen. Meine häßliche Göre. Hübsche Göre. Mäuschen. Schnecke. Biene. Arabella. Amareza. Häßliches Kleinchen. Geliebtes Rotznäschen meiner Seele. Netocha. Meine Netocha von den Erinnerungen.« Und viele andere, die diese Aufzählung unnötig erweitern würden.

Wir wollen uns nur bei einem aufhalten: »Netocha, meine Netocha von den Erinnerungen«. Der Dichter hat den Kosenamen fraglos aus ›Netocha Nezwanowa‹, dem Werk, das nach G. Krassky Dostojewskis erster großer Roman geworden wäre, hätte die Zarenregierung es nicht durch Dostojewskis plötzliche Verhaftung verhindert. Wir erwähnten, daß Gabriela Mistral Neruda während seiner Gymnasialjahre in Temuco in die russische Literatur eingeführt hat. Daher ist es nicht verwunderlich, daß der Dichter »sich für eine der bedeutendsten Gestalten der Weltliteratur und eine der kompliziertesten Persönlichkeiten des russischen Geisteslebens aus der zweiten Hälfte des 19. Jahrhunderts begeisterte«[36].

Dem genannten Kritiker zufolge wurde der berühmte, von Dostojewski vor seiner Verhaftung begonnene Roman erst neun Jahre nach erfolgter Freilassung beendet. Der zur Todesstrafe verurteilte Fjodor Dostojewski sah seine Strafe in vier Jahre Zwangsarbeit in Sibirien umgewandelt. Das ist der Schmerzensweg des Romans, dem Neruda den Namen Netocha für seine geliebte Albertina Rosa verdankt.

Sein erster maschinegeschriebener Brief

Dieser aus Temuco an Netocha Neruda abgesandte und von dieser in Concepción laut Poststempel am 11. April 1925 empfangene Brief[37] beginnt:

»ALBERTINA:

Du bist eine schlechte Frau. Du schreibst mir nie. Du könntest neidisch sein auf die Freude, die mir Deine wenigen Briefe bereiten. Hast Du ein in ein Gedicht gewickeltes Kärtchen bekommen? Gestern, als ich über die Hügel galoppierte, dachte ich an Dich. Von dort habe ich Handtaschen voller Haselnüsse mitgebracht, voller Schößlinge, Copihueblüten, Boldozweige, Myrten. Ach, wie nötig brauche ich Dich hier, wie sehr möchte ich Dich bei mir haben...«

Und er endet, gleichfalls mit Maschinenschrift, mit dem Wort *dumme*, das er mit mehr als kindlicher Einfalt vierzehneinhalbmal aneinanderreiht.[37]

Dieser Brief ist neben seiner Frische, seinem Geschmack nach Myrten und Haselnuß, seinem Duft nach Boldo und Copihue deshalb interessant, weil er auf der Schreibmaschine von Augusto Winter, dem zartfühlenden Verfasser von ›Flucht der Schwäne‹, geschrieben wurde, »der schönen Schwäne mit schwarzem Samthals«. Neruda hatte ihn im Jahre 1922 in Puerto Saavedra kennengelernt, als er kaum achtzehn und Winter vierundfünfzig Jahre alt war. Jahre später in Singapur wird Neruda sich sehnsüchtig an den alten Herrn aus seiner Kindheit erinnern, »mit seinem von der Zeit halbvergilbten Bart und seinen wasserblauen Augen«.[38]

Skizzen und Zeichnungen in seinen Briefen

Wir haben bereits auf die Zeichnungen in Nerudas und Albertina Rosas Briefen hingewiesen.

Wie Unamuno, wie García Lorca und so viele andere Dichter illustriert Neruda einige seiner Schriften mit Bleistift oder Feder, Skizzen und Zeichnungen. So taucht in einem kurzen Brief an seine Netocha auf einem schlecht zurechtgeschnittenen Stück Papier des Dichters Selbstbildnis auf, das nach dem Urteil von Juan Guzmán Cruchaga, Nationalpreisträger der Literatur 1962, dem wir es zeigten, dem Neruda der zwanziger Jahre verblüffend ähnlich sieht. »Er war ein junger Mann mit langem Gesicht« – berichtet Alone, der bekannte chilenische Literaturkritiker –, »sehr lang und schmal, und da er eine bleiche, gelbliche Hautfarbe hatte, erinnerte er an eine Wachskerze und hatte Mühe, nicht mit Grecos Figuren verglichen zu werden.«[39]

Im übrigen lautet der gleichfalls mit schwarzem Bleistift geschriebene Brief folgendermaßen:

»ALBERTINA:

Auch heute, am 22. kam ein Brief von Dir. Du bist fabelhaft. Sonntag fahre ich. Die Feder kam. Der Wind hat sie mitgenommen. Ist sie dort angekommen? Studierst du? Ich habe einen kleinen römischen Kater gestohlen, bildschön: werde ihn nach Santiago mitnehmen. Hier herrscht schon winterlicher Nebel, und wie trostlos sind doch die Häfen, wenn es regnet! Hier mein Porträt. PABLO.«[40]

Es erübrigt sich wohl der Hinweis, daß der angeführte Hafen Puerto Saavedra ist, »eiserstarrt an den Ufern des Imperial… Der eisige Klageschrei der Möwen… versprengt vom gewaltigen Meer, besprüht in den Einsamkeiten«.[41]

In einem anderen, auf zwei unlinierten Bogen mit dem Briefkopf des Erziehungsministeriums geschriebenen Brief sind einige Zeichnungen enthalten, welche die Lage seiner Wohnung in Santiago erklären.

»Mein Rotznäschen« – schreibt er –, »ich glaube, ich habe Dir gesagt, daß ich eine wunderschöne Behausung habe, heller als andere, in der Nummer 330 von Echáurren. Ich werde Dir sagen, wo sie liegt.«

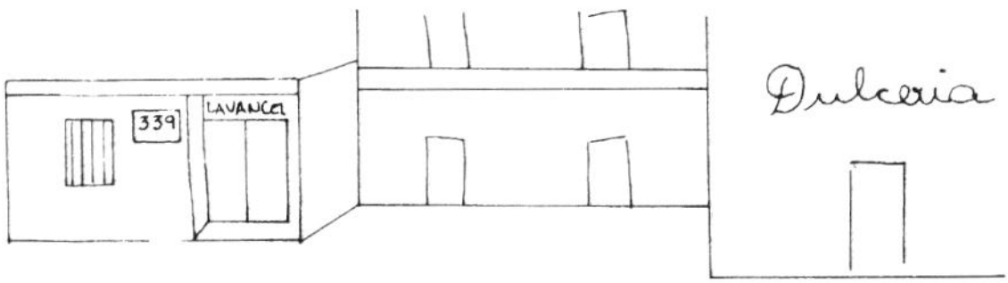

Wie leicht zu erkennen ist, gibt die Zeichnung Nerudas Wohnung in Santiago wieder, neben einer »Wäscherei« und in nächster Nähe einer Konditorei. Dann fragt der Dichter:

»Gefällt Dir die Skizze? Meine Schöne, schreib mir an diese Adresse, denn so empfange ich die Briefe morgens im Bett...«

Anschließend schreibt Neruda andere Einzelheiten und Überlegungen, und zum Schluß, statt seiner Unterschrift, beendet er den Brief mit der Zeichnung eines Zwergs mit Bart und spitzem Hut.[42]
Der Hinweis auf seine Wohnung in der Straße Echaurren ist von besonderem Interesse, wenn man bedenkt, daß Neruda dort, in der »helleren« Behausung, ein gut Teil seiner ›Zwanzig Liebesgedichte‹ schrieb, wie er in seinen im ›O Cruzeiro Internacional‹ erschienenen ›Memoiren‹ bekennt und dies in

seinem posthum veröffentlichten Erinnerungsbuch ›Ich bekenne, ich habe gelebt‹ wiederholt.[43]
Der dritte Brief, der eine merkwürdige Zeichnung enthält, ist der am 30. April um drei Uhr morgens in der Eingangshalle des ›El Mercurio‹ von Santiago hingekritzelte.[44]

»Ich schreibe Dir vom Mercurio aus, um drei Uhr morgens, ich bummle, wie seit Tagen, Du fehlst mir.«[45]

Endlich, in einem Brief, in dem er ihr mitteilt, seine Sekretärin Olga entlassen zu haben, weil sie sich als »giftiger Kakerlak« entpuppt habe, eine Bezeichnung, die er mit einem Totenkopf über der Aufschrift ›Gift‹ veranschaulicht, fügt er hinzu, er habe auf der Höhe seines Kopfes eine Vergrößerung ihres Bildes angebracht, auf dem »Du fast so schön aussiehst wie Du bist«.

»Stell Dir vor, neulich nachts kam ich frühmorgens besoffen nach Hause (augenblicklich verbringe ich fast jede Nacht bei Saufereien)« – die Zeichnung zweier Flaschen und eines Glases ergänzen den Bericht –, »und als ich mein Zimmer betrat, bezwang mich die Zärtlichkeit, ich kniete mich aufs Bett, um Dein Bild zu erreichen und gab ihm kurz entschlossen einen fetten Kuß. Das ist über drei Wochen her, aber höre und staune: um das Wunder zu bezeugen, haftet nun auf dem Glas der Kuß, so:«[46]

Andere Themen und Streiflichter aus dem Alltagsleben des Dichters kehren in mehreren Zeichnungen und sonstigen Übersichten wieder, die seine gesunde Fröhlichkeit und gute Laune bezeugen.

Die Farbe ist ein anderer Aspekt, der in diesen leisen, gefühlvollen Briefen auffällt. Mitunter zeigt sie sich im Papier, manchmal in der Tinte. Häufig sogar in den Wörtern und Meinungen, die uns an den jungen Mann erinnern, der verliebt ist in Waldäpfel, in den Urwald, den Myrtenbaum und den Coigüe-Käfer.
»Ich weiß nicht, ob Sie ihn einmal gesehen haben«, erzählt er in ›Kindheit und Dichtung‹. »Ich sah ihn allein bei jener Gelegenheit« – er spricht von einem Ausflug durch die Wälder des Südens –, »weil er ein von einem Regenbogen bekleideter Blitz war. Das Rot und das Violett und das Grün und das Gelb schimmerten in seinem Panzer, und wie ein Blitz entwischte er meinen Händen und flog in den Urwald zurück.«[47]

Glossen zu seinen Briefen

Da wir uns unmöglich bei einer eingehenden Analyse des nachfolgenden Briefwechsels aufhalten können, beschränken wir uns darauf, einige jener Absätze wiederzugeben, die eine gewisse Konstante in Nerudas Stil spiegeln oder Licht auf die leidenschaftliche Liebe seiner Studentenzeit werfen.

Ich habe Durst nach Dir

Unter dieser Überschrift werden wir einige von Nerudas Briefen an Albertina Rosa glossieren. Aus ihnen haben wir folgende Stellen ausgewählt:

»Ich möchte mit Dir in Küssen sprechen. So könnte ich mein Bedürfnis nach Dir stillen … Ich habe auch von Dir geträumt, vage und trübe Träume …«

»Vielleicht erinnere ich mich Deiner süßer, gütiger, schöner als Du bist, aber Du fehlst mir.«

»Ich bin wie im Fieber, nervös, friere; ach, mir fehlt die Wärme Deiner Zärtlichkeit, die ich ein wenig vergessen habe; wenn ich wüßte, daß ich Dich ein wenig küssen würde, wenn ich wüßte, daß ich Dich morgen küssen würde, ich schliefe ruhig ein.«

»Du bist meine letzte Hoffnung... Versteh es doch. Es ist Deine Aufgabe, mir zu verzeihen. Alles wird aufgewogen durch die rasende Liebe, die ich für Dich empfinde.«

»Tödliche Mattigkeit überfällt mich, ein totaler Nihilismus. Ich freue mich so sehr, daß wir weitere Jahre unseres Lebens gemeinsam verbringen werden. Du weißt nicht, Rotznäschen, wie sehr ich Dich liebe. Du fehlst mir mehr als das Brot, als das Wasser.«

Liebe und Natur

In Nerudas Briefen stoßen wir auf mit der erwähnten Thematik engverknüpfte Sätze von tiefer Schönheit, die sich auf seine Liebe und die ihn umgebende Natur beziehen.

»Es schlägt zwölf, Mitternacht auf der alten Uhr meines Elternhauses. Es ist die Stunde der Hexen, doch in dieser stillen Sommernacht gibt es keine Hexen außer den Sternen. Dort im Stichkanal färbte der Rauch die Sterne und Sirius, unser Stern, glühte rot wie eine Feuersbrunst...«

»Hier sind die Tage glühend heiß, fürchterlich. Nachmittags ein scheußlicher Wind voller Kiesel und loser Erde. Ich gehe jeden Tag ins Gebirge, zum Fluß, zu den Landgütern, um nicht umzukommen.«

»Ich bin gewandert und habe mich auf den Hügel geworfen, ich bin ebenso verdrossen heimgekehrt... Magst Du Birnen? Ich würde mich auch gern der Bienenzucht widmen.«

»Dies ist echtes Land: Weizenfelder, Sonnenuntergänge, Buschwald Polei, unberührtes Gebirge mit Pumas. Nachmittags liege ich unter einem Peumo. Dort blicke ich ins Gebirge, laß mich vom wütenden Wind peitschen und denke an Dich, manchmal...«

»Es ist eine kalte Nacht, Wind und Regen, ich habe ein Feuer, Tee, Tabak, Papier... Ich bin zur Einsamkeit verdammt.«

»Jetzt weißt Du, was für ein Faulenzer ich bin. Ich sitze stundenlang am Fenster meines Zimmers, rauchend, ich rauche wie ein Verzweifelter. Das Leben der Kröte: nachts die Sterne.«

»Ich schicke Dir ein Gedicht, in dem ich an Dich denke und einen zweiten Kuß, und noch etwas, in der Flut dieser Nacht.«

»Ich bin den ganzen Nachmittag durch diese Straßen geschlendert, die ich so oft gesehen habe. Ich kam auch in die Umgebung und habe große Veilchensträuße mitgebracht, die, weil sie so schön sind, für Dich sein müßten. Wie herrlich, die grünen Wiesen zu sehen, die Hügel dunkel vom Abendnebel, und mich selbst zu fühlen, mich selbst, frei von all der Albernheit, beweglich und allein. Ah, wärst Du da, Albertina...«

Ich habe Durst nach Dir. Liebe und Natur. Farbe, Vögel und Insekten sind verstreute Gesänge im sublimen Liebesgedicht des jungen Studenten für Rosaura, für Albertina Rosa.

»Dein schöner, fliederfarbener Brief verdient diese Tinte von der Farbe eines Wellensittichflügels … Bei diesem so weißen Tageslicht fällt mir nichts meiner Arabella Würdiges ein …«

»Habe ich Dir erzählt, daß ich im Gebirge einen schwarzen Adler erlegt habe?«

»Ich habe eine hübsche Flinte und bin in den Bergen der Schrecken dieser Wildvögel. Gestern habe ich eine junge fröhliche Drossel geschossen. Heute habe ich nutzlos Kugeln auf Adler verschossen, die sich manchmal auf den Eichen niederlassen.«

»Von jetzt an werde ich Dich Biene nennen, obwohl Du nicht blond bist.«

»Ich habe Dir eine Seeschnecke aus dem Hafen mitgebracht.«

»Ich habe mir eine echte und sehr ulkige Schildkröte gekauft. Sie heißt Luka, ich unterhalte mich mit ihr ganze Nachmittage. Wenn ich ihr sage, daß Du nächsten Donnerstag hiersein wirst, streckt sie ihren Hahnenkopf hervor und sucht Dich mit den Augen im Zimmer, als seist Du schon da …«

»Morgen oder übermorgen schicke ich Dir einen Brief … und darin eine Lilienblüte und drei blaue Falterflügel …«

»Hier im Fluß strecken die schwarzen Seehunde ihre Köpfe an die Oberfläche und die nostalgischen Delphine...«

»Dies ist eine verlassene, trostlose Küste... ich werde Dich hierherholen; ich habe eine einsame Stelle ausgesucht. Du wirst Schneckin heißen...«

Einige biographische Landmarken 1921-1932

In Nerudas Briefen an Albertina Rosa, die so unmittelbar sind, so beschwingt und leicht geschürzt, lebt eine Welt von Fantasien und Erinnerungen, von Hoffnungen und Enttäuschungen.

In diesen Jahren, vor allem in den Jahren zwischen 1921 und 1924, gleicht der Dichter »mit seinem breitkrempigen Hut[48]« einem rastlosen Zugvogel. Sein Studium der Pädagogik fesselt ihn an Santiago – zumindest bis 1923 – und reißt ihn in den Großstadtstrudel. Seine Familie verbleibt in Temuco. Jeden Frühling, jeden Sommer kehrt Neruda daher zu den Stätten seiner Kindheit zurück, den Horizonten seiner Jugend, zu seinen Wäldern und Bergen, seinen Küsten und seinen Häfen. Zum breiten Bett seines Flusses, dem Imperial, der immer bevölkert ist von Meeresvögeln und Reihern. Die Schönheit und Großartigkeit seiner Landschaft leben künftig in seiner Dichtung.

Zur selben Zeit reist Albertina Rosa nach Concepción, nach Lota Alto.[49] In seinen Briefen äußern sich nun Ängste und Leidenschaften.

Gegen Ende 1925, »getrieben von Geldnot und... Trostlosigkeit«, reist Neruda nach Ancud, dem Hafen »der nach Mythologie duftenden Austern«[50], wo er mehrere Monate in der quecksilbrigen Gesellschaft des Dichters Rubén Azócar,

Albertina Rosas Lieblingsbruders, verbringt. Und den Neruda selbst Bruder[51] nennt, als er ihm die dritte Episode seiner ›Barkarole‹ widmet: »Krone des Archipels für Rubén Azócar, den Bruder eines ganzen Winters auf den Inseln.«[52]

In Ancuds Hotel Nilsson schreibt Neruda, wie sich Azócar erinnert, die Erzählung ›Der Einwohner und seine Hoffnung‹, deren Original er zu Beginn des Jahres 1926 dem Verleger George Nascimento nach Santiago einschickt.

Mitte desselben Jahres kehrt er nach Santiago zurück und mietet sich in der Calle García Reyes 25 ein, »im zweiten Stock des Obstladens von Doña Edelmira[53]«, gemeinsam mit Tomás Lago und Orlando Oyarzún, mit denen er »im Frühling« singt, »an Flüssen, die das Andengestein mit sich rissen«.[54] In García Reyes entsteht ›Versuch des unendlichen Menschen‹, entstehen ›Ringe‹ und etliche andere Gedichte des ersten Teils von ›Aufenthalt auf Erden‹.

Am 14. Juni 1927 reist Neruda nach einer besonders düsteren Etappe mit Alvaro Hinojosa über Buenos Aires, Paris und Spanien nach Rangun, »eine Stadt / aus Blut aus Traum und Gold« im fernen Birma.[55] Dort entflammt und erlischt seine Leidenschaft zu Jossie Bliss, dem aufreizenden, explosiven, birmanischen Pantherweibchen.

In den Jahren 1928 und 1929 tut er Dienst als Konsul in Colombo auf Ceylon, »der schönsten großen Insel der Welt«, wo er die tiefste Einsamkeit seines Daseins erlebt und zugleich »die leuchtendste, als habe ein gewaltig funkelnder Blitz vor seinem Fenster haltgemacht und erhelle sein Schicksal von innen und von außen«.[56]

Im Jahre 1930 wird er als Konsul nach Batavia auf Java versetzt, der Insel »mit den fantastischen schwarzen Panthern«[57], der Insel, wo er das kuriose und seltene Exemplar von Shakespeares ›Sonetten‹ erwirbt, »zusammen mit den Urwäldern und der fabelhaften Vielfalt unbekannter My-

then«[58], der Insel, wo er schließlich am 6. Dezember die unglückliche Javanerin María Antonieta Hagenaar heiratet.
Im Jahre 1931 siedelt er nach Singapur über, wo »an der weißen Wand seiner Wohnung die Eidechsen sich sonnen«.[59]
Nach fünf Jahren Abwesenheit trifft er 1932 nach einer langen Seereise wieder in Chile ein. Auf dem Frachter ›Forafrick‹ durchfährt er die Magellanstraße und geht in Puerto Montt an Land; am 19. April reist er im Zug nach Temuco, ins Land seiner Kindheit, zum Urquell seines Lebens.
Während all dieser Etappen seiner Existenz und auf all seinen Wanderungen und Reisen ist Albertina Rosa in seinem Geist und seinem Schaffen gegenwärtig, wie die Briefe bezeugen.

Albertina Rosa, die Inspiratorin der ›Zwanzig Liebesgedichte‹ und vieler anderer

Von den vier Epochen, in die Edmundo Concha Nerudas Werk einteilt, sind die beiden ersten von ›Buch der Morgendämmerungen‹ 1932 bis ›Aufenthalt auf Erden‹ 1925-35 in gewisser Hinsicht von Albertina Rosa inspiriert. Von der dritten Epoche an tritt sie nicht mehr in Erscheinung, als Neruda »prächtige Parteifahnen schwenkend, die soziale Bühne betritt… um sich in der Nachbarschaft von Plakatdichtung und Streitschrift politisch festzulegen«.[60]
Über die Anfänge von Nerudas erster Epoche besitzen wir eine bemerkenswerte Sammlung von Briefen, die der Dichter dem Nestor der Spanisch-amerikanischen Literaturkritik, Alone, sandte.
Doch bevor wir auf einen dieser Briefe eingehen, der eine innige Beziehung zu Nerudas Dichtung und seiner großen Liebe zu Albertina Rosa offenbart, zitieren wir Alones Äußerung über die Umstände, unter denen er den Autor von ›Buch

der Morgendämmerungen‹ und ›Zwanzig Liebesgedichte …‹ kennenlernte: »Vor mir steht ein Jüngelchen von neunzehn Jahren, groß, bleich, melancholisch. Seine Traurigkeit, die noch einmal berühmt werden wird, ist zunächst sichtbar begründet: er hat einen Band Gedichte geschrieben, das Buch ist gedruckt und fertig, doch der Buchhändler oder Drucker fordert bei Auslieferung die Summe von zweihundert Pesos, ein für die damalige Zeit hoher Betrag. Natürlich besitzt Neruda das Geld nicht. Er erzählt es einem um dreizehn Jahre älteren Kritiker; ein seltener Zufall will, daß dieser, keineswegs ein Krösus, soeben ein paar Aktien an der Börse gekauft hat und daß diese Aktien im Steigen sind; und das erlaubt ihm, sich als glücklicher Spekulant vorzukommen, und fordert ihn zu Großzügigkeit auf. Auf die natürlichste Weise finden die zweihundert Pesos den Weg zu der anspruchsvollen Druckerei. Das Buch erscheint. Bald darauf ›erscheinen Sternenzeichen‹, die Börsenpapiere sinken und machen den vermeintlichen Gewinn zunichte. Die Aktien des jungen Poeten dagegen sind nach und nach derart gestiegen, daß sie dieser weit zurückliegenden Anekdote ein gewisses Interesse verleihen.«[61]

So wollte es das Schicksal, daß das erste Buch des Nobelpreisträgers von 1971 – ›Buch der Morgendämmerungen‹ – den literarischen und zugleich finanziellen Ritterschlag unseres ersten Kritikers und Chronisten erhielt, eine Tatsache, die Neruda nie vergißt. Als er den Lehrstuhl für Philosophie und Pädagogik der Universität Chile übernimmt, erinnert er in seiner Antrittsrede unter anderem an folgendes:

»Unser einheimischer Meister der Kritik, Alone, der zugleich Meister der Widersprüche ist, hat mir, fast ohne mich zu kennen, Geld geliehen, damit ich mein erstes Buch den Klauen des Druckers entreißen könnte.«[62]

Und kurz vor seinem Tod wiederholt Neruda in seinen Memoiren dasselbe Geständnis:

»Der Kritiker Alone spendete großzügig die letzten fehlenden Pesos, die alsbald im Schlund meines Druckers verschwanden. Dann trat ich mit geschulterten Büchern und zerrissenen Schuhen, aber wahnsinnig vor Freude auf die Straße.«[63]

Kehren wir zu Nerudas Brief an Alone zurück: »Dieser Tage schicke ich Ihnen mein Gedicht ›Der begeisterte Schleuderer‹. Antworten Sie mir bitte, sobald Sie es empfangen haben, und sagen Sie mir, was Sie davon halten. Ich stehe in Verhandlungen wegen meines neuen Buches, das im Oktober erscheinen soll: ›Zwölf Liebesgedichte und ein Lied der Verzweiflung‹. Bitte kritisieren Sie den Titel nicht. Es handelt sich um mein restliches und mit ›Morgendämmerungen‹ gleichzeitig entstandenes Werk.«

Im selben Brief an Alone kommt er anschließend auf seine Liebesgeschichte mit Albertina Rosa zu sprechen: »Ich lege eine Chronik bei, die ich für ›Zig-Zag‹ mit der Absicht geschrieben habe, vom Erlös einen Ring für meine Freundin zu kaufen. Verzeihen Sie, wenn ich sie Ihnen übergebe, ich möchte mit C. Acuña nichts zu tun haben. Hoffentlich können Sie die Arbeit empfehlen. Ich werde Ihnen für den Ring dankbar sein, den ein blauer stiller Stein schmücken wird.«[64]

Unter Nerudas zahlreichen Briefen an Albertina Rosa, die sich auf sein Werk beziehen, ist einer besonders bedeutsam. Er trägt kein Datum, stammt aber fraglos aus den Monaten Januar oder Februar 1924, da er ausdrücklich auf die Drucklegung seines allgemeingültigsten Werks ›Zwanzig Liebesgedichte...‹ anspielt, das unter Eduardo Barrios' Obhut im Juni jenes Jahres im Verlag Nascimento erscheint.[65]

»Einzeln, / Zeile um Zeile im Haus und auf der Straße / keimt das neue Buch, Gedichte mit Salzgeschmack / wie zwanzig Wellen von Frau und Meer... / Zwischen einer Einsamkeit und nur / einem der Liebe / entrissenen Kuß: Blatt um Blatt / als erwachte langsam ein Baum / entstand das kleine stürmische Buch.«[67]

In dem erwähnten Brief kündigt Neruda Albertina an: »Ich überarbeite gerade die Originale meines Buchs ›Zwanzig Liebesgedichte und ein Lied der Verzweiflung‹. Darin ist vieles für meine ferne Kleine.«[68]

Nach dieser Behauptung darf man fragen: Was ist das, was Neruda seiner fernen Kleinen widmet, in seinem bekanntesten und meistbewunderten Werk?
Trotz des Autors Verschlossenheit finden wir in seinen verstreuten Erläuterungen klare, deutliche Hinweise.
In seiner in der Universität Chile im Januar 1954 gehaltenen Rede äußert Neruda darüber folgendes:

»Ich habe Ihnen für jedes meiner Liebesgedichte eine Erklärung versprochen. Ich habe jedoch vergessen, daß mittlerweile Jahre verstrichen sind. Nicht, daß ich irgendeinen

Menschen vergessen hätte; indessen – wenn ich's recht überlege – was würden Ihnen Namen nützen? Was würden Sie mit schwarzen Flechten in einer bestimmten Dämmerstunde anfangen? Was mit großen Augen im Augustregen? Was könnte ich Ihnen sagen, was Sie von meinem Herzen nicht schon wissen?«
»Reden wir freiweg«, fügt er hinzu. »Ich habe nie ein Wort der Liebe gesprochen, das nicht aufrichtig war, nie hätte ich einen Vers ohne Wahrheit zu schreiben vermocht.«
Dann dringt er zögernd ein in das Thema, das uns interessiert: »In diesem Buch gibt es zwei grundsätzliche Lieben: die eine, welche meine frühen Jugendjahre in der Provinz prägte und die, welche mich in Santiagos Labyrinth erwartete.«[69]

Nur bis dahin lüftet Neruda den Schleier, und dies im Jahre 1954, als er das fünfzigste Lebensjahr erreicht hat und seine berühmten ›Zwanzig Liebesgedichte...‹ vor dreißig Jahren erschienen sind. Weitere acht Jahre sind notwendig für weitere Erhellung des Geheimnisses. Im Jahre 1962 nennt er in seinen dem ›O Cruzeiro‹ übergegebenen Memoiren Marisol das junge Mädchen aus Temuco und Marisombra die Studentin von Santiago.

»Marisol ist für mich die Idylle der verzauberten Provinz mit riesigen nächtlichen Sternen und Augen dunkel wie der feuchte Himmel von Temuco. Sie erscheint mit ihrer Fröhlichkeit und lebendigen Schönheit auf fast allen Seiten, umgeben von den Wassern des Hafens, beschienen vom Halbmond über den Bergen. Marisombra ist die Studentin der Hauptstadt. Graue Baskenmütze, sanfteste Augen, steter Geißblattduft wandernder Studentenliebe, das körperliche Ausruhen von leidenschaftlichen Begegnungen in den Verstecken der Großstadt.«[70]

In dem erwähnten Vortrag von 1954 schreibt Neruda Marisol (Mariesonne) die Gedichte Nummer 3, 4, 6, 8, 9, 10, 12, 16, 19 und 20 zu, Marisombra (Marieschatten) die übrigen zehn. Später werden wir sehen, daß die vom Dichter vorgenommene Einstufung seiner unsterblichen ›Zwanzig Gedichte ...‹ nicht allzu genau ist. Rodríguez Monegal, der scharfsinnigste Nerudaforscher, erkennt es ziemlich klar in seinem beachtlichen Essay ›Der unbewegliche Reisende‹, und wir sind in der Lage, die Richtigkeit dieser Angaben zu verbürgen.
Und in der Tat, als der angesehene Literaturkritiker von dem Gedicht Nummer 6 »Du warst die graue Baskenmütze und das friedvolle Herz« spricht – einem Gedicht, das Neruda in seinem Universitätsvortrag dem Mädchen von Temuco in einem Zusammenhang zuschreibt, den er in seinen im ›O Cruzeiro‹ abgegebenen Erklärungen auf die Studentin von Santiago bezieht –, stellt er folgende Überlegung an: »Vielleicht trugen beide Baskenmützen (es sind Gedichte aus der Zeit der Baskenmützen); vielleicht hat die Erinnerung des Dichters die Mütze der einen auf den Kopf der anderen gesetzt; vielleicht (eine nicht auszuschließende Möglichkeit) sind die Gedichte nicht in derart symmetrisch getrennter Form entstanden; die beiden Musen aus Fleisch und Blut mögen mitunter zu einer einzigen aus Tönen und Gesichten verschmolzen sein.«[71]

Unter Nerudas an Albertina, die Studentin aus Santiago, gerichteten Briefen gibt es einen leidenschaftlichen und zärtlichen, in dem er unter anderem sagt: »Nachmittags auf der feuchten Wiese ausgestreckt, denke ich an Deine graue Baskenmütze, an deine Augen, die ich liebe, an Dich.« Ein Satz, der an die beflügelten Verse aus Gedicht 6 gemahnt:

»Du warst die graue Baskenmütze ... / in deinen Augen stritten der Abendröte Flammen ...« Oder: »Ich fühle deine

Augen wandern, und fern ist der Herbst: graue Baskenmütze, Vogelstimme, heimatliches Herz...«

Somit ist die Annahme begründet, daß von den ›Zwanzig Liebesgedichten...‹ zumindest elf Nerudas Leidenschaft für das Mädchen von Santiago entsprungen sind. Nicht ohne Grund schreibt er aus Puerto Saavedra bei der Ankündigung seines Buchs: »Es ist darin vieles für meine ferne Kleine.«
Es genügt, die Albertina gewidmeten Gedichte zu streifen, um uns einen Begriff von Nerudas großer Jugendliebe zu machen. Wir brauchen dabei nicht auf den von Amado Alonso[72] analysierten Stil oder die von Carlos Santander[73] ergründete philosophische Tiefe einzugehen, brauchen nicht einzudringen in Nerudas Einsamkeit, seine Verlassenheit stets »zwischen Meer gezwängt und Trübnis... gekettet an ihr verzehrendes Wasser«, an seine Müdigkeit, an seinen Schmerz – »mein saurer Wein« –, an seine Verzweiflung und sein Unglück; trotz seiner stets offenen Räume, »das Gesicht dem Wind zugewandt, dem Meer, den Sternen« und dem Himmel[74], bei der Geliebten in der Nacht, die »galoppiert... blaue Ähren übers Feld verstreuend«.

Frauenleib

In dem Gedicht, das die Reihe der ›Zwanzig...‹ eröffnet, ist der Dichter nicht mehr der scheue Jüngling von Temuco, sondern der leidenschaftliche Liebhaber, dessen »ungeschlachter Bauernleib«... durch den Frauenleib pflügt, seine lichtweißen Hügel, seine weißen Schenkel, »in deinem Hang, dich hinzugeben, gleichst du der Welt«.
Neruda entweicht seiner Einsamkeit eines »Tunnels«, aus dem die Vögel flohen. Und aus dem Leib der erwählten Frau

Cuerpo de mujer...
En su llama mortal...
Ah vastedad de pinos...
Es la mañana llena de tempestad...
Para que tu me oigas
Te recuerdo como eras...
Inclinado en las tardes
Abeja blanca, zumbas...
Ebrio de trementina
Hemos perdido aún...

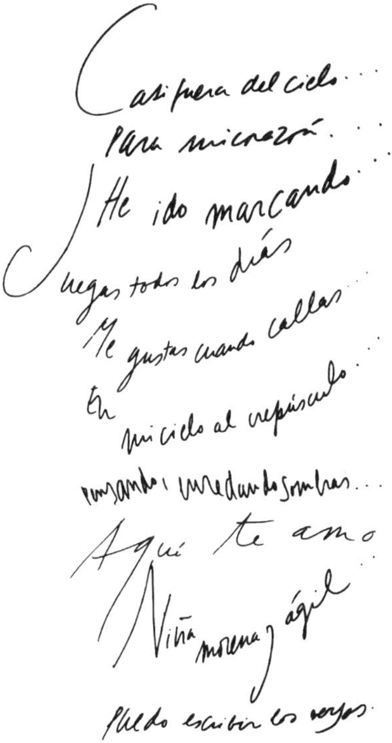

Zeile um Zeile...
keimt das neue Buch, Gedichte mit Salzgeschmack,
wie zwanzig Wellen von Frau und Meer.[67]

schmiedet er eine »Wehr / zu einem Pfeil auf meinem Bogen, Stein in meiner Schleuder«. Er liebt sie. Liebt ihren Leib »aus Haut, aus Moos, aus Milch, begehrlich stark«. Dennoch, trotz ihrer »Augen des Entrücktseins«, ihrer »Stimme sanft und trauervoll«, ihrer Anmut, seinem Dürsten, seinem grenzenlosen Verlangen, seinem unentschiedenen Weg, folgt sein ewiger »Durst und das Ermatten folgt, der Schmerz ohn Ende«. Es ist die demütigende Unbefriedigtheit des Fleisches gegenüber dem Geist, der nicht stirbt. ›Frauenleib ...‹ ist nur der Gipfel vom Abhang der Angst, die ihn verzehrt.

»Das Begehren steigt wie eine Welle« – schreibt Neruda in ›Album Terusa‹ – »über dem Horizont unseres Lebens. Und stirbt wie eine Welle. Das ist das Drama.«[75]

Und aus dieser Liebe, »die sich in Küssen verteilt, in Milch und Brot, zieht Neruda die starke, beunruhigende, bestürzende Essenz, die der chilenischen Dichtung einen neuen Klang verleiht«, wie Silva Castro meint.[76]

In seine sterbliche Flamme

In Gedicht 2 betrachtet Neruda seine Geliebte, »Entzückte, Leidende, Blasse ... einsam ... Von der Sonne auf dein dunkles Gewand eine Traube fällt. / In der Nacht die großen Wurzeln wachsen / plötzlich aus deiner Seele ...«

Damit du mich hörst

Dieses Gedicht trägt die Nummer 5 unter den ›Zwanzig ...‹ und ist eines der schönsten, vollendetsten.

Damit seine Geliebte ihn höre, »werden meine Worte / schlank und zart / wie der Möwen Spuren am Meeresstrand«.
Damit seine Geliebte ihn höre, verwandeln sich seine Worte in »Geschmeide, trunkene Schelle / für deine Hände, die wie Trauben sanft«.
Und der Dichter sieht »meine Worte von fern. / Sie gehören mehr dir als mir«; er sieht sie »erklimmen gleich Efeuranken meinen alten Schmerz …«, entfliehend »meiner düsteren Höhle«. Und dann, Beute der Angst, ruft er aus:
»Liebe mich, Gefährtin. Verlaß mich nicht. O folge mir. Folge mir, Gefährtin, in dieser Woge der Angst.«
Und er beobachtet, wie seine Worte »sich färben« mit ihrer Liebe. Und er schließt: »Alles ist von dir erfüllt, alles füllst du aus.«

In die Abende geneigt

Dieses Gedicht, Nummer 7, ist ein Gesang auf die schönen Augen der jungen Studentin. In seinen Briefen stoßen wir immer wieder auf Sätze wie diese:

»Ach, wärst Du da, Albertina. Wärst Du jetzt hier, vor dieser Kohlenglut, die mich wärmt, wärst Du hier mit Deinen traurigen Augen, mit Deinem Schweigen, das mir so gut gefällt, mit Deinem Mund, der meine Küsse braucht.«[77]
Immer wieder spielt Neruda auf ihre »teefarbenen Augen« an, auf ihre »traurigen lieben Augen«, die er mit Leidenschaft und Zärtlichkeit küßt.
Ist es dann so merkwürdig, das: – »in die Abende geneigt, werfe ich meiner Schwermut Netze aus / nach deinen ozeanischen Augen«? Das: – »Ich sende rote Signale über deine

abwesenden Augen / die Wellen werfen wie das Meer an eines Leuchtturms Ufer?«
Und während »Die Vögel der Nacht picken die ersten Sterne auf… / Blaue Ähren übers offene Feld verstreuend, / auf schattendunkler Stute galoppiert die Nacht«.

Fast außerhalb des Himmels

In Gedicht 11 besingt Neruda wieder sein »Mädchen, von so weit gekommen, hergeführt aus so weiter Ferne, / zuweilen leuchtet unter dem Himmel dein Blick auf«, unentwegt kreuzend über seinem Herzen.
Mit welcher Zärtlichkeit nennt er sie »lichtes Mädchen, Frage aus Rauch, du Ähre… die mit leuchtenden Blättern begann, den Wind zu bilden… Feuers weiße Lilie… Sehnsuchtsqualen, die ihr mit Messerstößen die Brust mir zerreißt… mit seinen offenen Augen mitten im Tau«.
Und welcher Gegensatz zu der »irrenden Nacht, der Augen Totengräberin, die ein Kreuz der Trauer mir macht zwischen die Brauen und flieht«.

Ich habe mit Kreuzen von Feuer gezeichnet

In diesem Gedicht, Nummer 13, weist Neruda die Zärtlichkeit von sich. Noch einmal packt ihn die Leidenschaft. Und plötzlich kehrt er zum Thema des Gedichts 1 zurück: zu dem Frauenleib, den er liebt. Für Alazraki, einen von Nerudas berufensten Kennern – Huntingtonpreisträger von 1964 –, ist die Liebe in diesem Gedicht darum »ein Frauenleib«.[78]

»Ich habe mit Kreuzen von Feuer
deines Leibes weißen Atlas gezeichnet.
Mein Mund war eine Spinne, die sich verbergend, hinlief, sich versteckend
In dir, hinter dir, furchtsam, dürstend.«

»Nie sind die Liebe, das Lob der Frau und das Thema der Leidenschaft in solch prunkender Sprache behandelt worden«, schreibt Cardona Peña.[79]
Dann, um die Trauer seiner traurigen und süßen Geliebten, der furchtsamen, dürstenden, zu verscheuchen, sucht der Dichter Geschichten, um sie ihr »am Ufer der Dämmerung« zu erzählen:

»Ein Schwan, ein Baum, etwas Fernes und Frohes.
Die Zeit der Trauben, die Zeit, ausgereift und früchteschwer.«

»Zwischen Meer gezwängt und Trübnis«, sieht er, wie »zwischen Lippe und Stimme etwas stirbt dahin. / Etwas mit Vogelschwingen, etwas aus Qual und Vergessen. / So, wie die Netze das Wasser nicht halten können. / Geliebte, kaum zitternde Tropfen bleiben zurück. / Und dennoch, etwas singt in diesen flüchtigen Worten« und singt, erglüht und flieht wie »ein Glockenturm in eines Narren Hand… Habe ich erst den verwegensten, den eisigen Gipfel erklommen, / schließt sich wie eine nächtliche Blüte mein Herz.«
Wie in Gedicht 1 folgt nach dem Vergnügen »das Ermatten, der Schmerz ohn Ende«.

In Gedicht 14 nennt er sie sanft »zarte Besucherin, du nahst in Blume und in Wasser… dieses blasse Köpfchen, das ich täglich / zwischen meinen Händen presse wie eine Traube«. »Laß mich dich in gelbe Blumengewinde betten«, sagt er und fragt: »Wer schreibt mit Lettern Rauchs deinen Namen in die südlichen Gestirne?«
Und während der Wind heult und »auf der Flucht ziehen die Vögel vorbei… kaure dich an meine Seite«, fleht er die Kleine an, »du bringst mir Geißblattranken / und selbst deine Brüste sind düfteschwer. Indes der düstere Sturm saust und Schmetterlinge tötet…«, gesteht er ihr seine Liebe, und »mein Entzücken beißt in deinen Kirschenmund«. Und er erinnert sich: »Wie oft haben wir den Morgenstern erglühen sehn, als wir uns die Augen küßten.« Und er vergißt nicht: »Liebkoste ich dich, so sprühten auf dich meine Worte nieder.« Zum Schluß, in einer Verzückung, die an Rabindranath Tagore gemahnt, verspricht er ihr:

»Ich will dir aus den Bergen heitere Blumen bringen,
Copihueblüten,
dunkle Avellanonüsse und ländliche Körbe voll Küsse.«

Ein Versprechen, das an jenen bereits zitierten Absatz aus einem seiner Briefe erinnert: »Gestern, als ich über die Hügel galoppierte, dachte ich an Dich. Ich habe von dort Handtaschen voller Haselnüsse mitgebracht, voller Schößlinge, Copihueblüten, Boldozweige, Myrten.«[80] Und er schließt:

»Was an den Kirschbäumen der Frühling vollbringt,
will ich mit dir beginnen.«

Von den ›Zwanzig Liebesgedichten‹, die hier nur zur Sprache kommen, sofern sie die Briefempfängerin betreffen, sagt Mario Osses in seiner ›Poetischen Dreifaltigkeit Chiles‹: »Es gibt kein Buch von gleichwertiger Inspiration, das solch mitreißende, solch aufrührerische Kraft besitzt…[81]
Neruda ist in diesem Werk eine gedämpfte Stimme. Ein ganz auf das Ohr der geliebten Frau und ihr Gefühlsleben abgestimmtes Instrument…«[82]
Und Osses zitiert als Sinnbild seines Gedankens das allbekannte Gedicht Nummer 15:
»Du gefällst mir, wenn du schweigst, es ist, als wärest du fort und lauschtest von fern und meine Stimme erreichte dich nicht. Es ist, als wären deine Augen fortgeflogen, und es scheint, ein Kuß verschlösse dir den Mund.«
Dieses Gedicht, Nerudas schönstes und zartestes im Urteil zahlloser Kritiker, wurde erstmalig 1923 in La Serena in der Novembernummer der Zeitschrift ›Vendimia‹ mit dem Titel ›Gedicht ihres Schweigens‹ veröffentlicht.[83]
Sein Wortlaut ist mit Ausnahme der Interpunktion gleichgeblieben, zumindest bis zu der Zeile, in der ihr Schweigen beschrieben wird, »wie ein Fingerreif schlicht, wie ein Leuchten klar«. In diesem Teil führt der Dichter folgende Strophen ein, deren Original wir aufbewahrt haben:

»Ich will dich nicht unterbrechen damit du lange schweigst,
Und alles sei mein, dein schlichtes Schweigen.

Wie schwiegst du früher, als du kleiner warst?
Lagen so deine Hände auf der Brust?
Wenn du mir's nicht sagst, muß ich deinen Bruder
fragen, den Dichter, der nach Mexiko ging.«

Einige Wochen später, am 5. Januar 1924, nimmt ›Zig-Zag‹, die angesehene chilenische Zeitschrift, in ihrer Nummer 985 dasselbe Gedicht mit neuen, in den erwähnten Fassungen nicht berücksichtigten Varianten auf.
Aus dem wiedergegebenen Faksimile des Originals geht hervor, daß die Endverse am stärksten überarbeitet worden sind. Hier ihre Varianten:

»Du gefällst mir, wenn du schweigst, es ist als wärst du fort.
1. Var.: es ist als wärst du auf der Reise, als wärst du tot.
2. Var.: so stumm und so bleich als wärst du tot.
Endgültige Var.: als wärst du gestorben, fern und schmerzensstarr.
Und da ich mich vor dem Tode so sehr fürchte
bin ich froh, daß es nicht wahr ist.«
Diese beiden letzten Verse sind in der Endfassung durch folgende ersetzt:

»Doch ein Wort sodann, ein Lächeln genügt,
und froh bin ich, froh, daß nichts ist wahr.«

Das Gedicht 15 ist am unmittelbarsten mit Albertina Rosa verknüpft, mit dem Schweigen, das sie beschreibt und sie charakterisiert und an jene Stelle in einem seiner Briefe erinnert:

»Ich bummelte den ganzen Nachmittag durch diese Straßen, die ich so oft gesehen habe… Ach, wärst Du da, Albertina… Wärst Du hier mit Deinen traurigen Augen, MIT DEINEM SCHWEIGEN, DAS MIR SO GUT GEFÄLLT, mit Deinem Mund, der meine Küsse braucht.«[84]

»Du gefällst mir, wenn du schweigst und bist wie fern.
Und es ist, als weintest du, ein wiegender Falter, dort.
Und lauschtest von weit und meine Stimme erreichte dich nicht.
Laß mit deinem Schweigen mich schweigen fort und fort.«

Sinnend fange ich Schatten ein

Das Gedicht 17 zielt in eine andere Richtung, auf die tiefe Einsamkeit des Dichters, auf sein hartes Leben, auf seine »klägliche Wut«, auf »vom Meer der Schrei, zwischen den Felsen. Entfesselt, wild sich zum Himmel dehnend.«
Auch dieses Gefühl der Einsamkeit huscht wie ein dunkler Schatten über seine Briefe an Albertina:
»Ich bin so schrecklich allein an diesen riesigen Stränden«, schreibt er aus Puerto Saavedra. »Und außer dieser Einsamkeit gibt es für mich nur Dich.« – »Ich bin zur Einsamkeit verdammt«, wiederholt er in einem anderen Brief. »Ich bin allein wie nie«, in einem dritten. Und in einem neuen, nachts, am Kamin geschrieben: »Welche Einsamkeit, Herr des Himmels! Warum hat meine Mutter mich zwischen diesen Felsen geboren?«[85]
Auf diese tragische Einsamkeit spielt das Gedicht 17 an. In dieser Stunde der Sehnsucht… der Stunde der Einsamkeit, der Stunde des Dichters »unter allen… Du, was warst du da, Frau, welcher Streif, welches Stäbchen / an jenem unermeßlichen Fächer? Fern warst du wie jetzt«, lautet die Antwort. Stets dieselbe Konstante, die Trauer, die bedrückende Trauer, die Einsamkeit und der »Schmerz ohn Ende«.
»Sinnend im tiefen Netz der Einsamkeit fange ich Schatten ein. Fern bist auch du, ach, ferner als irgendwer.«

Nummer 18 ist das letzte Albertina Rosa gewidmete Gedicht der ›Zwanzig…‹. Es ist vielleicht das repräsentativste der Gedichte, die entstanden sind unter dem Einfluß »des Panoramas der Gewässer und der Bäume des Südens, … der alten Molen von Carahue und Nieder-Imperial … der morschen Planken und vom breiten Fluß zapfengleich behämmerten Balken … des Möwengeflatters über der Flußmündung… und ihrer Kiefernwälder und Pinien«, das er in seinem 1954 in der Universität Chile gehaltenen Vortrag evoziert.
In Gedicht 18 läßt Neruda die »dunklen Fichten« aufleben, in denen der Wind sich verfängt; »eine Silbermöwe stürzt jäh aus dem Abenddämmer. / Dann und wann ein Segel. Hohe, hohe Gestirne. / O das schwarze Kreuz eines Schiffs…«

»Dies ist ein Hafen.
Hier liebe ich dich.
…
Schon seh ich mich wie diese alten Anker vergessen.
Trauriger werden die Molen, wenn der Abend anlegt.
Mein nutzlos hungerndes Leben ist müde geworden.
Ich liebe, was nicht mein. Du bist so fern.
…
Mit deinen Augen blicken auf mich die größten Sterne.
Und da ich dich liebe, wollen die Fichten im Wind
deinen Namen singen mit ihren Blättern von Kupferdraht.«

Dies, zusammengefaßt, ist Albertina Rosas Gegenwart in ›Zwanzig Liebesgedichte…‹, dem meistgelesenen Werk unseres Nobelpreisdichters, das in alle Sprachen übersetzt, bereits im Jahre 1961 eine Auflage von über einer Million Exemplaren erreicht hatte.

»Wie hat sich die Frische, das lebendige Arom dieser Verse so viele Jahre hindurch, die wie Jahrhunderte waren, erhalten können?« fragt sich selbst Neruda und antwortet: »Ich kann es mir nicht erklären.«[86] »Durch ein Wunder, das ich nicht begreife« – bekennt er in seinem Vorwort zur millionsten Auflage –, »hat dieses qualvolle Buch vielen Menschen den Weg zum Glück gewiesen. Welch anderes Schicksal kann der Dichter für sein Werk erhoffen?«[87]

Nicht ohne Grund vermag derselbe Neruda bei einem feierlichen Anlaß zu versichern:

»Es ist ein Buch, das ich liebe, weil trotz bitterer Melancholie auch Lebensfreude in ihm ist.«[88]

»Viel geholfen hat mir bei seiner Niederschrift ein Fluß und seine Mündung: der Fluß Imperial. Die ›Zwanzig Gedichte‹ sind der Liebesroman Santiagos mit seinen Studentenstraßen, der Universität und dem Geißblattduft geteilter Liebe.«

»Die Santiago-Stücke wurden geschrieben zwischen der Calle Echáurren, der Avenida España und dem Innern des alten Gebäudes des Instituto Pedagógico, aber das Panorama bilden immer die Gewässer und die Bäume des Südens.«[89]

Albertina Rosa, Inspiratorin von ›Versuch des unendlichen Menschen‹

»Du mußt mir ausführlich erzählen« – bittet Neruda in einem seiner Briefe –, »was du getrieben hast und was Du treibst, und ob Du Schmerzen hast und was Du denkst. Schon heute, während ich Dir schreibe, wirst Du ankommen, es ist Dienstag vormittag, mittlerweile wirst Du zu Hause angekommen sein. Ich habe diese drei Tage lesend und rauchend verbracht, solange ich ungelesene Bücher habe und Tabak, langweile ich mich nicht...«

Anschließend schreibt er für sie einen Teil des Gedichtes ab, das später in ›Versuch des unendlichen Menschen‹ stehen wird. Hören wir die ersten Zeilen:

»Wer wenn nicht du, verliebtes Fräulein
bebt neben mir wie der trunkene Draht
in einem namenlosen Lied?
Ach meine Traurige, dein Lächeln entfaltet sich
wie ein Schmetterling auf deinem Gesicht
und für dich ist meine Schwester nicht schwarz gekleidet
Ich bin der welcher Namen entblättert und
hohe Sternbilder aus Tau
in der Nacht aus blauen Wänden, hoch über deiner Stirn,
um dich zu rühmen Wort aus reinen Schwingen
der welcher sein Glück immer da zerbrach wo
er nicht war.
Zum Beispiel kreist die Nacht zwischen
Silberkreuzen
Wozu an deinen ersten Kuß erinnern
ich legte dich vor das Schweigen mein Land
die Vögel meines Durstes beschützen dich
und ich küsse deinen dämmerfeuchten Mund.«[90]

In der Abschrift dieses Gedichts an Albertina Rosa verdienen einige Einzelheiten Erwähnung. Zunächst die Interpunktion. In der ersten Ausgabe von ›Versuch des unendlichen Menschen‹ (1925), die der Verlag Nascimento erst im Januar 1926 auslieferte, ist sie weggelassen. Der Druck selbst fiel durch seine gewollte Künstlichkeit auf. Der Text hatte keine Zeichensetzung und Großbuchstaben.
Als Neruda 1961 seine Antrittsvorlesung in der Philosophisch-Pädagogischen Fakultät der Universität Chile hielt, kam er unter anderem auf diese sonderbare grammatikalische Kon-

struktion zu sprechen: »Zu jener Zeit – in den Jahren 1924 bis 1926 –, beeinflußt von Apollinaire, doch auch vom früheren Beispiel des Salondichters Stéphane Mallarmé, veröffentlichten wir unsere Bücher ohne Großbuchstaben und Zeichensetzung. Sogar unsere Briefe faßten wir ohne jede Zeichensetzung ab, um Frankreich modisch auszustechen. Noch mein altes Buch ›Versuch des unendlichen Menschen‹ hat weder Punkt noch Komma.«[91]

»Wiewohl das am wenigsten gelesene und studierte Buch« seines Werks, ist ›Versuch des unendlichen Menschen‹ für Neruda eines der wichtigsten seiner Dichtung »und völlig verschieden von den anderen«.[92]

»Ich habe ›Versuch des unendlichen Menschen‹ immer als einen der Kernpunkte meiner Dichtung angesehen«, sagt Neruda in einem in der Nationalbibliothek gehaltenen Vortrag, »weil ich durch die Arbeit an diesen Gedichten in jenen zurückliegenden Jahren ein Bewußtsein gewann, das ich vorher nicht besessen hatte, und wenn irgendwo der Ausdruck, die Klarheit oder das Geheimnis richtig bemessen sind, dann in diesem kleinen, außerordentlich persönlichen Buch.«[93]

Für die Mehrzahl der Kritiker ist ›Versuch des unendlichen Menschen‹ die Schwelle zu ›Aufenthalt auf Erden‹. Dies behauptet wenigstens Jaime Concha: »›Versuch des unendlichen Menschen‹ als Schwelle zu ›Aufenthalt auf Erden‹ gehört durchaus zu einer Übergangsphase, in welcher der Sternenbereich zwar noch anklingt, sich sein Verlöschen aber ankündigt.«[94] Das bestätigt Alain Sicard von der Philosophischen Fakultät der Universität Poitiers: »›Versuch des unendlichen Menschen‹ ist der Schmelztiegel, in dem die Sprache von ›Aufenthalt auf Erden‹ entsteht.«[95]

Das meinen auch Diez-Echarri und Roca Franquesa: »Mit ›Versuch des unendlichen Menschen‹ leitet Neruda die dunkle Poesie ein, geschaffen aus genialer Intuition und Wünschelrutenkunst, die in ›Aufenthalt auf Erden‹ gipfeln sollte, dem Buch, welches Neruda vermutlich am besten kennzeichnet.«[96]

Das besprochene Gedicht erschien erstmalig 1925 in Nummer 1 der Zeitschrift ›Dinamo‹ unter dem Titel ›Lied für ihr Schicksal‹. Neruda widmet es Albertina Rosa mit bekümmerten Worten, weil sie einen großen Teil seines Werks mit Gleichgültigkeit entgegennimmt:

»Ich habe mir die unerträgliche Mühe gemacht, Dir dies aus meinem nächsten Buch abzuschreiben, weil ich wissen will, ob Dich etwas von dem interessiert, was ich für Dich schreibe. Du machst mir den Eindruck der Gleichgültigkeit, und das erregt meine Neugierde.«[97]

Albertina Rosa, Inspiratorin des ›Begeisterten Schleuderers‹

Wir haben gesehen, daß in ›Zwanzig Liebesgedichte...‹ Albertina Rosa Ursache seines leidenschaftlichen Schaffens ist, daß sie auch die Verse von ›Versuch des unendlichen Menschen‹ inspiriert. In ›Der begeisterte Schleuderer‹ wird sie sogar Kern und Keim seiner Schöpfung sein.

»Im Sommer 1923«, berichtet Hernán Loyola, »als Neruda seine Ferien im Süden verbrachte, entwickelte er das ehrgeizige Projekt einer Dichtung, die ein Gesamtbild des Menschen anstrebte, die Natur, die Leidenschaften einer verzweifelten Erotik. Doch der Plan endete im Scheitern und Verstummen.«[98]

Erst zehn Jahre später, im Jahre 1933, veröffentlichte Editorial Letras in Santiago de Chile die Erstausgabe von ›Der begeisterte Schleuderer‹ und im darauffolgenden Mai die zweite.[99]

»Dieses von einer intensiven Liebesleidenschaft ausgelöste Buch« war, laut Neruda, sein »erster Wunsch, zyklische Poesie zu schreiben«.[100]

Anläßlich des Erscheinens der ersten Auflage von ›Der begeisterte Schleuderer‹ erklärt Neruda in seiner ›Vorbemerkung‹:

»Die in diesem Buch versammelten Gedichte gehörten zu einem Zyklus meiner seit etwa zehn Jahren entwickelten Produktion. Der in ihnen sichtbare Einfluß des großen uruguayischen Dichters Carlos Sabat Ercasty, seiner Beredsamkeit und seines hochgespannten Sprachgestus hatte mich veranlaßt, sie größtenteils der Öffentlichkeit vorzuenthalten. Da nun die Zeit vorüber ist, da die Veröffentlichung von ›Der begeisterte Schleuderer‹ mich innerlich schädigen könnte, habe ich sie diesem Verlag als ein Dokument übergeben, das Gültigkeit für die Liebhaber meiner Dichtung haben könnte. Der ursprüngliche Band enthielt eine weit größere Anzahl von Arbeiten, die in dieser Ausgabe fehlen, da sie unrettbar verlorengegangen sind. Auch sind viele der hier abgedruckten unbeendet, lückenhaft, bruchstückhaft. Ich hätte gern alle Verse dieser begrabenen Zeit besessen, denn sie ist für mich ebenso reizvoll wie der Nimbus alter Briefe, zumal dies Buch nichts sein will – ich wiederhole es – als das Dokument einer überspannten, glühenden Jugend.«

»Ich habe an diesen wiederentstandenen Versen nichts geändert, hinzugefügt oder gestrichen, ich habe nur ihre Echtheit, ihre vergessene Wahrheit bewahren wollen.«

Diese alten Briefe nun, diese Dokumente einer überspannten, glühenden Jugend mit all ihrer Echtheit, ihrer vergessenen Wahrheit, übergeben wir hiermit teilweise der Öffentlichkeit. Doch vorher möchten wir darauf hinweisen, daß die Arbeiten von ›Der begeisterte Schleuderer‹ der gleichen Entstehungszeit angehören wie die ›Zwanzig Liebesgedichte ...‹.

Wir haben in dem die ›Zwanzig Liebesgedichte‹ betreffenden Kapitel auf Nerudas in unserem Archiv befindliche Briefe an Alone hingewiesen und möchten nun auf jenen zu sprechen kommen, in dem er sagt: »Dieser Tage schicke ich Ihnen mein Gedicht ›Der begeisterte Schleuderer‹.«
An einem anderen jener Tage wiederholt er: »Ich habe ein wenig geschrieben. Ich habe ›Der begeisterte Schleuderer‹ beendet, ich schicke Ihnen eine Kopie, bitte bestätigen Sie den Empfang. Es folgen in separaten Bänden: ›Die Frau des Schleuderers‹ und ›Die Trompete in den Wäldern‹. Große Poesie, jedoch klein angesichts der, über die ich nachdenke.«[101]

Von den zwölf Dichtungen, die ›Der Schleuderer‹ umfaßt, gehörten seinerzeit zumindest sieben Albertina Rosa, ihrer verläßlichen Inspiratorin.

Du bist ganz Schaum

Das von uns aufbewahrte Exemplar dieses Gedichts ist maschinegeschrieben und trägt zahlreiche Korrekturen von der Hand des Verfassers.

»Du bist ganz aus zartem leichtem Schaum
und die Küsse durchkreuzen und die Tage besprühen dich …«

Nach den ersten Versen dieses Gedichts, Abbild der Müdigkeit, des Schwindelgefühls und der Liebkosungen, nach der Berufung auf sein »Gefäß von Widerhall und gefangenen Sternen«, bestätigt sich wiederum Nerudas niederschmetternder Fatalismus:

»Ich bin müde: alle Blätter fallen, sterben.
Müde, ich bin müde. Komm, begehre mich, schüttle mich.
Oh, mein armer Wahn, meine entbrannte Girlande.
Die Begierde fällt, stirbt. Fällt, es stirbt das Verlangen.
Es fallen, sterben die Flammen in der unendlichen Nacht.

Stichflamme der Lichter, Taube aus blonder Kreide,
erlöse mich aus dieser Nacht, die bedrängt und vernichtet.
Tauche mich in dein Nest aus Taumel und Liebkosung.
Begehre mich, halte mich.
Die Trunkenheit im blütenreichen Schatten deiner Augen.
Die Stürze, die Triumphe, die Sprünge des Fiebers.
Liebe mich, liebe mich, liebe mich.
Stehend rufe ich zu dir: Liebe mich!
Meine Stimme bricht von einem Ruf nach dir und ich halte
Feuerstunden in der sternen- und windhundträchtigen Nacht.
Meine Stimme bricht in dem Schrei: Weib, liebe mich, begehre mich.
Meine Stimme brennt in den Winden, meine Stimme die fällt und stirbt.

Müde. Ich bin müde. Fliehe. Weiche. Verlösche.
Feßle nicht mein unfruchtbares Haupt mit deinen Händen.
Eisiges Pochen möge meine Stirn durchstoßen.
Mögen atlantische Winde meine Unruhe peitschen.
Fliehe. Weiche. Verlösche. Meine Seele will allein sein.
Sie soll sich kreuzigen, soll splittern, kreisen,
sich verkehren, sich allein vergiften,
geöffnet der Flut der Tränen,
glühend im Wirbelsturm der Furien,
gereckt zwischen Hügeln und Vögeln,
sich allein vernichten, sich ausrotten,
verlassen und einsam wie ein Leuchtturm des Entsetzens.«

Dieses Gedicht trägt die Nummer 4 in der Ausgabe von ›Der begeisterte Schleuderer‹. Wir bringen es in der Originalfassung. Auf die Rückseite des von uns aufbewahrten Exemplars hat Neruda notiert: »Gedichte. Der begeisterte Bogenschütze«, was die Vermutung nahelegt, dies sei der für seine Veröffentlichung gewählte Titel gewesen.

›Ich fühle deine Zärtlichkeit‹ ist eine Hymne auf die Zärtlichkeit der liebenden Frau, auf die Zärtlichkeit ihrer »süßen, wartenden Augen«, auf die Zärtlichkeit ihres Mundes, ihres »nie ausgesprochenen Worts«.

»Ich fühle deine Zärtlichkeit meinem Lande nahen,
den Blick meiner Augen erspähen, fliehen …
…
Ich fühle das Moos deines Kummers an mir hochsteigen
und tastend in meiner unendlichen Seele wachsen.

Das war die Verlassenheit und du wußtest es,
war der dunkle Krieg des Herzens und alle,
war die zerbrochene Klage schüttelnder Ängste,
und der Rausch und das Verlangen und die Hingabe,
und das war mein Leben
war was das Wasser deiner Augen entführte,
war was in die Höhlung deiner Hände paßte.

Ach, mein Falter, mein Taubengurren
ach, Gefäß, ach Schwemmland, meine Gefährtin!
Hat dich mein Lockruf erreicht, sag, erreichte er dich
in den offenen Nächten kalter Sterne
jetzt, im Herbst, auf dem gelben Tanzfest
der hungrigen Winde und der gefallenen Blätter!«

Die Zärtlichkeit der Liebenden aber erfüllt den Dichter mit Mutlosigkeit:

»Hier, deine Zärtlichkeit,
geklammert an die gleichen Wurzeln,
reifend in der gleichen Karawane der Früchte
und fließend aus deiner Seele die meine Finger zerbrechen
wie der Saft des Weins aus dem Kern der Traube.«

Wie immer: Zärtlichkeit und Unbefriedigtheit. »Zug feuchter Schmerzen auf der Flucht ins Ewige, / auf jede Erde vertropfend Schluchzen und Fragen.«

Freundin stirb nicht

›Freundin stirb nicht‹, nach Mario Osses Quintessenz erotisch-pantheistischer Poesie, »ist ein Gedicht von außerordentlich vegetativer Sinnlichkeit«.[102]

»Schwerlich ließe sich in Nerudas erster Schaffensperiode ein Gedicht finden, das deutlicher die wunderbare Macht vermittelt, die Lokalkolorit und Anmut der Umwelt, das Blühen der Erde auf den jungen Mann ausüben. Jener Erde, die das wahre Weib ist, das seine Sinne bezaubert…«

»Mit dem Schiff dieses Gedichts« – fährt Osses fort – »nähert er sich der berühmten Küste, auf die alle Bestrebungen des Dichters hinzielen, der im ›Buch der Morgendämmerungen‹ die Reise zu sich selbst angetreten hatte: die ›Zwanzig Liebesgedichte und ein Lied der Verzweiflung‹.«[103]

›Freundin stirb nicht‹ ist das fünfte Gedicht des ›Begeisterten Schleuderers‹.

Das Original ist mit lila Buntstift auf zwei Blättern mit dem Briefkopf des Chilenischen Studentenbunds von Santiago geschrieben; dazu ein kleiner Abschnitt von zwei Zeilen. Von den 33 Versen weisen wenigstens 13 im Original Varianten oder Alternativen auf, die vom Autor schließlich teilweise oder ganz verworfen wurden. Zum Beispiel:

»– Freundin stirb nicht!

– Ich sehe die Früchte
fallen im mündergefüllten
Wind.

– Fern bei den Lampen
und den hohen Lagerfeuern,
(oder)
ausgestreckt auf dem Berg am blauen Lagerfeuer.

– Und große rote Blüten, rote Seidenmäntel.

– Daß dein Mund auf meinem Mund die rotblonde Spur hinterlasse.

– Trunken taumelt mein Herz unter der Sonne.

– Meine Stimme schreit
Eine Welle der Trunkenheit verschließt mir die Lider.
Liebe, berauschte Bienen flattern zur Sonne.
Ferner Gesang … der läuft. Schiffe die suchen.
Bestürmt von Liebe verfolgen dich die Raubtiere.

– Auf der Spitze einer Pappel flammt
ein Stern
Freundin stirb nicht!«

1923 stellt Hernán Loyola im ›Album Terusa‹ mit unveröffentlichten Jugendschriften Nerudas eine Gruppe von fünf Gedichten vor, darunter ›Freundin stirb nicht‹, als embryonale Fassung des Gedichts 5 aus ›Der Schleuderer‹. Fraglos eine recht embryonale Fassung, da das Manuskript nach den ersten zwölf Versen abbricht.[104]

Das Original von ›Freundin stirb nicht‹, das der Autor seiner Inspiratorin Albertina Rosa ganz, Terusa aber nur teilweise überließ, ist ein weiterer Beweis für Rodríguez Monegals Behauptung: »In Santiago, 1921, wird Neruda zum Mann. Er entdeckt (für immer) Eros, und zwar auf zweifache Weise. Auch wenn seine Beziehungen zu den Mädchen von Temuco wohl vor der Abreise nach Santiago begonnen haben, so liegt doch auf der Hand, daß der junge Mann das Mannesalter erst mit seiner Erfahrung in der Hauptstadt erreicht. Daher ist diese Aufspaltung in die beiden Liebesverhältnisse, die den jungen Mann beschäftigen und ausfüllen, von so großer Bedeutung. Von den beiden dürfte die heftige Liebschaft mit dem Mädchen von Santiago die tieferen Spuren hinterlassen haben. Aus unveröffentlichten Briefen weiß man, daß er seine Beziehung zu ihr dauerhaft zu machen gedachte, daß er ihr aus dem Fernen Osten schrieb und dort hoffnungslos auf sie hoffte.«[105]

In ›Die ganze Liebe‹, einem Werk, welches die Quintessenz von Nerudas Liebeslyrik darstellt, darf daher ›Freundin stirb nicht‹ kaum fehlen.

»Freundin, stirb nicht,
Hör diese Worte die sich mir brennend entringen,
und die niemand sagen würde hätte ich sie nicht gesagt.

Freundin stirb nicht.

Ich bin der der dich erwartet in der gestirnten Nacht.
Der der dich erwartet unter der blutig sinkenden Sonne.

Ich sehe die Früchte auf die düstere Erde fallen.
Ich sehe die Tautropfen im Grase tanzen.«

Und später:

»Ich bin der welcher die widerspenstigen Girlanden schnitt
für das wilde Lager duftend nach Sonne und Urwald.
Der welcher gelbe Hyazinthen im Arme brachte.
Und lechzende Rosen. Und blutenden Mohn.

Der die Arme verschränkte um dich zu erwarten, jetzt.
Der seine Bogen zerbrach. Der seine Pfeile knickte.
Ich bin der dessen Lippen bewahren den Geschmack von Beeren.
Von zerriebenen Trauben. Von rotschimmernden Bißwunden.

Der dich ruft aus den sprießenden Fluren.
Ich bin der welcher dich begehrt in der Stunde der Liebe.«

»Ich bin der welcher dich erwartet in der gestirnten Nacht,
auf den goldenen Stränden, auf den blonden Tennen.
Der welcher Hyazinthen schnitt für dein Bett, und Rosen.
Im Grase liegend bin ich der welcher auf dich wartet.«

›Freundin stirb nicht‹ bestätigt wie kein anderes Gedicht aus ›Der begeisterte Schleuderer‹ Nerudas Behauptung in seinem in der Nationalbibliothek gehaltenen Vortrag, daß dieses Buch Ergebnis einer großen Liebe sei.

Verbindung aus Küssen und Tränen, aus Träumen und Sehnsucht, Einsamkeiten und Zärtlichkeiten.

»Meine Seele! Meine Seele! Wurzel meines wandernden Durstes,
Lichttropfen der den Ansturm der Welt verscheucht.
Meine Blüte. Blüte meiner Seele. Hoheitsgebiet meiner Küsse.
Glockenschlag der Tränen. Wirbel der Liebkosungen.
Frisches Wasser dessen Klage durch meine Finger rinnt.
Blau und geflügelt wie die Vögel und der Rauch.
Dich gebar meine Sehnsucht, mein Durst, mein Drängen, mein Staunen.
Und du brachst auf in meinen Armen wie in der Blüte die Frucht.«

Der Höhenflug, die Vielfalt der Bilder und die Wortwahl machen das Gedicht zu einem der schönsten des ›Begeisterten Schleuderers‹.

»Schlingpflanze ans Kreuz einer Mauer geschlagen,
Lied, Traum, Schicksal. Meine Blüte, Blüte meiner Seele.
Flügelschlag der Träume, Schmetterling, Dämmerung.«

Seiner unzertrennlichen Gefährtin, der Einsamkeit, vermag Neruda dennoch nicht zu entfliehen.

»Nicht leuchten die stahlblanken und weißen Sterne.
Alles zerbricht und fällt. Alles verschwimmt und vergeht.
Es heult der Schmerz wie ein Wahnsinniger im Wald.
Einsamkeit der Nacht. Einsamkeit meiner Seele.«

Und im Rasen, das die Gesänge und Tränen erschreckt: sie.

»Du bist. Nun bist du und nun suchte ich dich.
Du bist Kußlippen, Traumfrucht, alles.
Du bist da, du bist und ich liebe dich! Ich rufe dich und du antwortest!
Altarlicht des Mondes auf den einsamen Feldern.
Meine Blüte, Blüte meiner Seele, was mehr für dies Leben!
Deine Stimme, deine bleiche Gebärde, deine Zärtlichkeit, deine Augen.
Die zarte Liebkosung, die dich zum Erglühen bringt.«

Füll dich mit mir

›Füll dich mit mir‹ ist eines der qualvollsten Gedichte aus ›Der begeisterte Schleuderer‹, wo es zwischen ›Meine Seele! Wurzel meines wandernden Durstes‹ und ›Lied des Mannes und der Frau‹ steht. In dem anschließend wiedergegebenen Faksimile des Originals läßt sich seine Entstehung deutlich verfolgen.

»Füll dich mit mir,
Begehre mich, erschöpfe mich, vergieße mich, opfere mich.
Fordere mich. Sammle mich, verhalte mich, verbirg mich.
Ich will jemandem gehören, will dein sein, es ist deine Stunde.
Ich bin der, welcher die Dinge springend überging,
der Fliehende, der Leidende.

Doch ich fühle deine Stunde
die Stunde mit der mein Leben auf deine Seele tropft,
die Stunde der Zärtlichkeiten die ich nie vergoß,

die Stunde der Schweigsamkeiten die keine Worte kennen,
deine Stunde, Morgendämmerung des Bluts, die mich nährte mit Ängsten,
deine Stunde, Mitternacht die mir einsam geriet.«

Die Lektüre dieses Gedichts erinnert uns an Hernán Loyolas Bemerkung: »In ›Der Schleuderer‹ war alles grandios gedacht, spektakulär, ein getragener Ton, der kühne Impuls eines jungen Mannes, der, um sich dem Weltall und dessen Geheimnis zu verbinden, es nicht unter einem Angriff auf die Sterne tat; der Dichter verstand sich als Ausnahmewesen, das im titanischen Trancezustand gegen den Himmel anstürmte, um die Mauer seiner existentiellen Gefangenschaft zu durchbrechen …«[106]
Seine Angst erreicht derartige Ausmaße, daß der atheistische Dichter Gott anruft und ihn bittet, seine Fesseln zu lösen, damit er außer sich, in wütender Freiheit davonstürzen könne.

»Freikommen,
Mein Gott,
Freikommen!«

Meine Sklavin, fürchte mich

Dieses Gedicht, das zehnte, ist das kürzeste von ›Der begeisterte Schleuderer‹. In seinen elf Zeilen entbindet sich seine leidenschaftliche Zärtlichkeit und spannt sich sein steter Widerspruchsgeist. Er fleht seine Sklavin an, ihn zu fürchten, und fleht sie an, ihn zu lieben. Er entdeckt sie in sich und empfindet sie zugleich entrückt.

»Meine Sklavin, fürchte mich. Liebe mich. Meine Sklavin! Ich bin mit dir der weite Sonnenuntergang meines Himmels, und meine Seele leuchtet in ihm auf wie ein kalter Funken.
…
Du bist was in mir ist und was fern ist.
Flüchtig wie ein Chor verfolgter Nebelschwaden.
…
Das Echo der Stimme weit hinter dem Schweigen.
Und was in meiner Seele wächst wie das Moos auf den Ruinen.«

Auf die Rückseite des Originals dieses zarten und zugleich quälenden Gedichts schreibt Neruda einen Satz, der seine tiefe seelische Erschöpfung bezeugt:
»Abends kehre ich dann ins Zelt zurück, müde vom Meditieren.«

Durst nach dir

›Durst nach dir‹, das elfte Gedicht, beschließt die an Albertina Rosa gerichteten Gedichte von ›Der begeisterte Schleuderer‹.
Sein Anfangsvers »Durst nach dir verfolgt mich« vermittelt mehr als irgendein Satz aus seinen Briefen, mehr als dieser: »Ich möchte mit Dir in Versen sprechen. So gelänge es mir, Dir mein Bedürfnis nach Dir zu sagen, meinen Durst nach Dir…«
Der Durst nach seiner Geliebten »verfolgt mich in den begierigen Nächten«. Wahnsinniger Durst. »Durst des Walds in der Zeit der Dürre. / Durst glühenden Metalls, Durst trunksüchtiger Wurzeln.«
Sein Durst nach ihr »ist voller Stimmen. / Lichter Anker, der ins Meer fällt… / Ackerfurche für meines Namens trübe

Saat… Da doch selbst noch meine Knochen nach deinen Knochen dürsten.« Seine Augen haben Durst nach ihren Augen. Sein Mund hat Durst nach ihren Lippen. Seine Seele und sein Körper sind entbrannt:

»Aus Durst. Endlosem Durst. Durst der deinen Durst sucht. Und dann zerstört er sich in ihm wie das Wasser im Feuer.«

Mit Recht behauptet Rodríguez Monegal, Neruda habe gleich nach der Veröffentlichung des ›Buchs der Morgendämmerungen‹ den ›Begeisterten Schleuderer‹ in einem wahren Sturm poetischer Besessenheit verfaßt.[107] Selbst Neruda bekennt, von Anfang an habe ihn »Sternentrunkenheit gepackt. Ich schrieb in Ekstase. Ich war verliebt, und dem Schleuderer folgten Sturzbäche und Ströme verliebter Verse.«[108] Leider hat die Empfängerin Albertina Rosa von den zwölf Gedichten nur die hier besprochenen und in Faksimile wiedergegebenen sieben aufbewahrt. Die anderen sind, wie Neruda erklärt, »für immer verlorengegangen«.

Albertina Rosa, Inspiratorin des ersten Teils von ›Aufenthalt auf Erden‹

›Aufenthalt auf Erden‹, Anbruch der zweiten Epoche

Mit ›Aufenthalt auf Erden‹ beginnt die zweite Epoche des Poeten. Die spontane erste, frisch »wie Wasser und Holz, wie die Waldäpfelbäume, die riesenhafte Lärche, der vierzig Meter hohe Lorbeerbaum in Temucos Urwald, in dem die Copihueblüten nur wie Blutstropfen glimmen, wo die gigantischen Farne majestätisch aufragen«, liegt in der Nebelferne von Raum und Jahren.

Seine Stimme »rauscht nicht mehr wie das Wasser der Quelle«.[109] Die ersten Rosen seines »untröstlichen Jugendgartens« ruhen welk und entblättert.[110] Verflogen der »Duft« seines »Flieders«, erloschen die »hellen Abende« seiner Kindheit, die »dahinfloß wie ein stilles Gewässer in seinem Bett«.[111]

Der Dichter ergibt sich nicht mehr dem Leben »wie das strömende Wasser der Erde, wie die Flüsse dem Meer«.[112] Sein Auge entzücken nicht mehr »die blonden Duftakazien der Felder von Loncoche«.[113] Er liefert seine Seele nicht mehr aus wie in den »Abenddämmerungen von Maruri mit ihren weißen Alleen und ihren Liedern«.[114] Vorüber ist für ihn »die Stunde der Ähren seines Herbstfalters«. Der Dichter ist nicht mehr froh, »die Erde anzuschauen«.[115] Sein Herz ist entleert »von Schellenklang«.[116]

In seiner »irdischen Muschel singt die Erde nicht[117], und die größten Sterne« blicken ihn nicht an mit den Augen der Geliebten.[118]

›Versuch des unendlichen Menschen‹ mit seinen »hohen Taugestirnen in Nächten aus blauen Wänden«; ›Der Einwohner und seine Hoffnung‹ mit »seiner Freude, sich selbst zu genügen«[119]; ›Ringe‹ mit »dem Herbst der Schlingpflanzen«; ›Der begeisterte Schleuderer‹ mit »seiner überspannten, glühenden Jugend«[120] liegen hinter ihm wie Chile mit seinen Himmeln und Küsten, seinen Männern und Frauen. Nach der erloschenen Kindheit schmachtet seine Jugend dahin, seine Studentenjahre, »helle Lampe, die seine härtesten Schicksale erleuchtete«. Und zerrissen ist seine Seele, »die bisher gefüllt war wie die Segel eines Schiffs im Wind«.[121]

›Aufenthalt auf Erden‹ stellt die schmerzlichste Epoche in Nerudas Dichtung dar. Dies bekennt der Dichter in seinen dem ›O Cruzeiro Internacional‹ übergebenen Memoiren:
»Ein offizielles Leben gab es für mich nicht. Ich trat nur ein einziges Mal alle drei Monate in Funktion, wenn ein Schiff aus Kalkutta ankam, das festes Paraffin und große Kisten Tee für Chile lud. Dann mußte ich fieberhaft Dokumente stempeln und unterzeichnen. Darauf folgten wieder drei Monate der Untätigkeit, der Eremitenbetrachtung von Märkten und Tempeln. Es war die schmerzlichste Zeit meiner Poesie.«[122]
So war es in der Tat auch. Die Einsamkeit durchbohrt den Dichter-Konsul, durchlöchert seinen Geist. Asien mit seinem Fatalismus kappt seine lebensvolle Poesie.
Die Leere, die Ermüdung umstellen und untergraben ihn. Sogar »der Duft der Pflaumen, die, auf die Erde rollend, / mit der Zeit verfaulen, unendlich grün«. Seine Tage reihen sich aneinander »wie die harten Stiche in den Nähten des Baums … Von der Höhe der Wege« hört man »die Glockenschläge sich kreuzweis durchschneiden«.[123]
Seine Dichtung durchtränkt sich mit »staubigen Blicken, die zu Boden sanken / oder aus lautlosen sich eingrabenden Blättern. / Aus Metallen ohne Glanz, mit der Leere, / der Abwesenheit des jäh erloschenen Tags«.[124]
In ›Pferd der Träume‹ schweift der Dichter »von einem Punkt zum anderen … nicht ohne gewisse Beschwer, / ich betrete umgebrochenes Erdreich fast frischer Gräber …« Er erwartet »die maßlose einförmige Zeit: / eine Begierde in meinem Innern drückt mich nieder«.[125]
»Mit Ketten und Nelken bedeckt / … das Licht der Erde bricht nicht wie Glockenruf / aus ihren Lidern, wie Tränen eher: …«[126]

»Etwas Dichtes ist« um ihn, der »fühllos« arbeitet, »über mir selber kreisend wie über dem Tod der Rabe, / der Trauervogel.«[127]

»Der Geschmack lebt wie Kirchenschatten oder Gebeinsruhe.« Nach ›Joaquíns Abwesenheit‹ fühlt er »die Tage der Zeit sich verschließen«.[128]

In ›Nächtliche Sammlung‹ »wächst mein düsteres Schattenroß ins Gigantische«.[129] In ›Wir zusammen‹ »zerbeißt mein verwiesener Mund Fleisch und Traube«.[130] »Welch dichtes Pochen durchwühlt mein Herz / wie eine Woge aus allen Wogen gemacht!«[131]

Der ›Mai-Passat‹, »voll mit Weltraum und Wasser, erfahren im Unglück / entrollt« über den Dichter »seine Fahne aus trauriger Haut« und streckt ihn nieder, »nackt / wie ein Mensch in der Schlacht... schutzlos... zwischen Weltenräumen... auf den Tod besiegt«.

In ›Dichtkunst‹ verzehren ihn »der gleiche ferne Durst und das gleiche kalte Fieber«. / »Wie ein Wachtturm fühllos und blind geworden / ohne Glauben und zum schmerzlichen Spähen verdammt... neigen meine verschiedenen Gesichter sich einander zu und verflechten sich.«[132] In ›Sonate und Zerstörungen‹ hält er inne »zwischen wachsenden Schatten und Schwingen, / die zittern«.

Seine Prosa ist nicht weniger düster.

»Oh, in jeder Nacht, die sich abspielt, ist etwas von verlorener Glut, die sich selbst verzehrt und, umgeben von Ruinen, zusammenfällt inmitten trauernder Sachen...«[133]

Er sieht sich »von elenden Hölzern getragen, ausgestreckt im Feuchten, wie ein alter Sarg zwischen plötzlich dünnen Wänden«.[114]

Der Dichter arbeitet »nachts, von der Stadt umgeben, / von Fischern, von Töpfern, von in scharlachroten / Musselin gehüllten, mit Früchten / und Safran verbrannten Toten«.[135]

In ›Einsamer Herr‹ »... riechen die Bienen nach Blut und zornig brummen die Fliegen ...«.[136]
Sein Leib »lebt mit einem unlöslichen Gedanken an Sklaverei und Ketten«.[137]
»Die Wasser« bespülen das Gespenst des Frachtschiffs, »waschen ... seine rissige Schale, seine eisernen Runzeln ... Es blickt mit seinem augenlosen Gesicht das Gespenst aufs Meer.«[138]
Der Dichter atmet in der Luft die Asche ... / »den ungeheuren einsamen Raum, der ihn umgibt für immer«.[139] Und in ›Gesang‹ möchte er sterben.[140]
Das sind, zusammengefaßt, Poesie und Prosa dieses ersten Teils von ›Aufenthalt auf Erden‹, den ein bekannter Schriftsteller als »rätselhaften Dom im Halbdunkel« beschreibt.[141]
Die von seiner Aufrichtigkeit überwältigte Margarita Aguirre meint, niemand habe auf so leidenschaftliche Weise »Zersetzung, Angst, Verfall und Einsamkeit dargestellt«[142]. Ehrenburg schließlich sieht das Buch noch deutlicher »als die Geschichte des wahren Todes, der sich unter den Menschen und Völkern verbirgt«.[143]
»Das Auftauen der Welt. Die Angst mit anzusehen, wie das Lebendige abstirbt: die Menschen und ihr Treiben, die Sterne, die Wellen, die Pflanzen in ihrer organischen Bewegung, die Wolken in ihren Windungen, die Liebe, die Maschinen, der Zerfall der Gebäude und die Korrosion der chemischen Bestandteile, das Zerbröckeln des Physischen, alles, alles, was sie bewegt als Ausdruck des Lebens, ist bereits sterbendes Dasein«, wie Amado Alonso hervorhebt.[144]
Gerade darum ist ›Aufenthalt auf Erden‹ für Alonso »eine höchst persönliche, deutliche und trostlose Vision von Welt und Leben«.
Im übrigen bekennt Neruda selbst sich in seinen ›Memoiren‹ dazu: »Die echte Einsamkeit lernte ich in jenen Tagen von

Wellawatta kennen.«[145] »Ich habe Rauch im Herzen«, schreibt er aus Bengala Bay an Héctor Eandi (16. Januar 1928). »Ich möchte aus einem wahrhaft elenden Geisteszustand heraus«, berichtet er ihm Monate später aus Rangun (11. Mai). Und aus Colombo am 24. April des folgenden Jahres: »Ich bin allein... Ich fühle mich rastlos, verbannt, sterbend... Eandi, niemand ist so allein wie ich.« Und ›Aufenthalt auf Erden‹ bezeichnet er »als einen Haufen Verse von großer Monotonie, fast ritueller Verse voller Geheimnis und Schmerz, wie sie die alten Dichter schrieben. Es ist etwas sehr Einförmiges, etwas Einziges, das beginnt und wiederbeginnt, etwas ewig fruchtlos Geprobtes.«[146]

Jahre später schreibt Neruda an Cardona Peña: »Wenn ich sie heute bedenke, finde ich die Gedichte von ›Aufenthalt auf Erden‹ schädlich. Diese Gedichte sollten nicht von der Jugend unserer Länder gelesen werden. Es sind Gedichte, vollgestopft mit Pessimismus und fürchterlicher Angst. Sie helfen nicht zu leben, sie helfen zu sterben.«[147]

Tief beeindruckt von dem Bericht, daß neben dem Revolver eines jungen Chilenen, der Selbstmord verübt hatte, ein Exemplar von ›Aufenthalt auf Erden‹ lag, verbietet Neruda auf dem 1949 in Mexiko abgehaltenen Friedenskongreß die Drucklegung dieses Werks in Budapest.

»Ich wollte nicht« – so rechtfertigt er seinen Entschluß –, »daß alte Schmerzen neuem Leben Mutlosigkeit einbrächten. Ich wollte nicht, daß der Widerschein eines Systems, das mich in die Angst getrieben hatte, mitten im Aufbau der Hoffnung den niederziehenden Schlamm absetzte, mit dem unsere gemeinsamen Feinde meine eigene Jugend verdüstert hatten.«[148]

Trotzdem erscheint ›Aufenthalt auf Erden‹ weiterhin in den Anthologien und den ›Gesammelten Werken‹ des Dichters.

Und trotz des Gesagten durchweht ein gewisser lebensvoller Atem diese Gedichte. Ein Drang nach Kampf, nach Überleben.

Geprägt von »den Zerstörungen, den Toten, den Vernichtungen«, die ihn umgeben und von denen er zu Eandi spricht, beschließt er, seine »Kraft in dieser Gefahr zu stählen, aus diesem Kampf Gewinn zu ziehen«, diese seine »Schwäche zu nutzen. Ja, dieser depressive Moment, verhängnisvoll für viele, ist für mich ein edler Stoff.«[149] So entsteht ›Aufenthalt auf Erden‹. Seine Poesie lädt sich auf mit »weltweiter Substanz, mit Leidenschaft und Dingen«. Indessen, wird seine Botschaft »Trost gewähren und Traum«, die seinem Urteil nach das Hauptziel der Dichtung sind?[150]

Obgleich er in seinem Leben und in seiner Umwelt »nicht so vollkommene Reinheit findet«, um damit Schwingen zu bauen und Höhe zu gewinnen[151], obgleich er sich hilflos fühlt und »grausam unfähig«[152], stirbt trotz seiner »ausweglosen Ängste der heftige poetische Impuls« in ihm nicht; und obgleich er »unter einer allzu schwachen Kraft« leidet[153] und obgleich er all seine »Sätze alltäglich und bar des eigenen Seins« findet[154], kämpft er und läßt nicht nach, der Aufgabe des Dichters getreu, »ins Leben einzudringen und es prophetisch zu machen«[155], selbst wenn er fühlt, daß »alle Dinge ihren Ausdruck allein gefunden haben« und er »kein Teil von ihnen« ist noch die »Macht« besitzt, »sie zu durchdringen«.[156] »Ich würde sterben, wenn ich nicht mehr schreiben könnte.«[157]

In diesem qualvollen, bitteren inneren Prozeß bleibt Albertina Rosa unvergessen. Mehr denn je ist er ihr nahe in seinen langen Nächten und in seinen abwechslungslosen Tagen. Der Zwang, seine Einsamkeit zu durchbrechen, bestürmt ihn.

Sein Abenteuer mit der süßen, wilden Jossie Bliss, »dem birmanischen Pantherweibchen, Jossie, in ihrem betörenden Sarong oder ihr langes einheimisches Messer schwingend, weil in ihrem Blut ohne Unterlaß der Vulkan des Zorns siedete«, stachelt seinen angstvollen Wunsch an, sein Leben in geordnete Bahnen zu lenken und ihm Ruhe und Zwiesprache zu geben.[158] So schreibt er an Eandi:
»Ich, der die Lehre der Verantwortungslosigkeit zur Richtschnur für mein eigenes und für fremdes Leben erhoben hatte, ich fühle nun den angstvollen Wunsch, mich niederzulassen, mich zu binden, ruhig zu leben oder zu sterben. Ich möchte auch heiraten, und zwar sofort, möglichst morgen, und in einer großen Stadt leben. Das sind meine einzigen unablässigen Wünsche, vielleicht werde ich sie nie erfüllen können.«[159]

Albertina Rosa wird bedrängt

Gemäß diesem dem Freund Eandi in Ceylon unmißverständlich übermittelten Gedanken schreibt Neruda vierzehn Monate später, am 18. Dezember 1929, gleichfalls aus Ceylon an Albertina Rosa einen leidenschaftlichen Brief und bedrängt sie, zu seinem fernen Wohnsitz zu reisen und als seine Frau ihr Leben und Schicksal mit dem seinigen zu verbinden.

»Wir sollten nicht unser Glück aufs Spiel setzen, es hinausschieben oder ihm Hindernisse in den Weg legen… Ich bin müde allein zu leben, und wenn Du diesmal aus meinem Leben schwindest, werde ich Dich nie wiedersehen. Die Entfernungen und die Zeit zählen in diesem Leben. Mein Haus wird Dir sehr gefallen. Es ist klein, und liegt fast über dem Meer, und der frische Meergeruch füllt es ganz. Ich hoffe, meine Freundin, daß Du tust, was Dein Herz Dir befiehlt.«

In diesem Brief, einem Schlüssel zu Nerudas Gefühlsleben, steht noch manch anderes: er ist gewürzt mit behenden, frischen Einfällen, mit unmittelbar-fröhlichen Sätzen: »Nie hat ein Flugzeug soviel Küsse mitgenommen«, schreibt er in eine Ecke des Briefes. Und in eine andere: »Beantworte mir jede Frage und vergiß nicht mir zu sagen, daß Du mich liebst, wenn es wahr ist.« Und in eine dritte: »Ist es wahr, daß Du mich noch magst? Fühlst Du die Liebkosungen, die Dich empfangen werden? Fühlst Du Dich nackt in meinen Armen?

Ich denke an Dich mit soviel Leidenschaft, fast mit Schmerz! Und ich glaube, ich gestehe Dir zum ersten Mal, daß ich Dich immer geliebt habe.« Auch in anderen Zeilen verrät er seine Leidenschaft: »Fühlst Du, wie ich Dich liebe? Bist Du glücklich? Fühlst Du im Herzen, daß Du meine Einzige bist?

Hast Du bemerkt, daß meine Gedichte« – kritzelt er in einem anderen Winkel dieses intimen Briefs – »immer Dir galten? Mit Ausnahme einiger. Die besten sind die Deinen.« Genau wie in Temuco. Genau wie in Santiago. Wie in den ›Zwanzig Liebesgedichten‹. Wie in ›Der begeisterte Schleuderer‹. Wie in ›Versuch des unendlichen Menschen‹.

In der Mitteilung, die wir glossieren, kündigt er ihr das bevorstehende Erscheinen von ›Aufenthalt auf Erden‹ an.

»Ein neues Buch von mir wird bald in Spanien erscheinen: vieles darin ist für Dich ... Vor einiger Zeit rief ich einen Fakir, und unter anderem – was ich Dir nicht verraten werde – sagte er mir, er könne den Namen derer erraten, die ich liebe und die mich lieben. Und auf dieses Stück Papier schrieb er mit Bleistift den geliebten Namen: ALBERTINA.«[160]

In diesem fiebrigen, heftigen Billett, datiert: Colombo, den 18. September 1929, schreibt Neruda für Albertina Rosa die erste Strophe seines im Winter verfaßten ›Madrigal‹ ab:

»Auf dem Grunde des tiefen Meeres,
durch die Nacht aus endlosen Streifen
fliegt wie ein Renner
dein stummer stummer Name vorbei.«

Doch es ist nicht nur ihr Name, es ist sie selbst, seine ferne leidenschaftlich Geliebte aus Santiago und Temuco, es ist der »Flor des süßen vollkommenen Lichts«, und die Erinnerung daran verzehrt und verwirrt ihn.

»Birg mich an deiner Schulter, o gib mir Zuflucht...«

»Flor des süßen vollkommenen Lichts,
eil mir zu Hilfe mit deinem Mund aus Küssen,
dem von Trennungen wilden,
dem kühnen und zarten Mund...«

»Nimm mich auf in den Abend aus Garn,
wenn die Dämmerung ihr Gewand
wirkt und am Himmel ein Stern,
von Wind erfüllt, zuckt.

Deine Augen verhüllend, bringe mir langsam
dein Fernsein nah, bis an den Grund,
durchdringe mich mit deinem Dasein, ahnend,
daß mein Herz zugrunde gerichtet.«

So ist es: er ist zerstört. Zerstört von der Entfernung, zerstört von der Einsamkeit; zerstört vom Unverständnis und vom Vergessen; zerstört vom Überdruß und von der Verzweiflung. Die hartnäckige Erinnerung an sein geliebtes Rotznäschen durchbricht in Augenblicken reinster Eingebung die graue Eintönigkeit seines Fatalismus und legt »in ihre Hände den Glanz von Faltern«, er »hört ihre Stimme aus Licht…«, fühlt »ihren Schoß glühen und ihre Küsse wandern / und frische Schwalben senden« in seine Träume.

»O Herrin meiner Liebe, in deiner Ruhe
ist mein Traum, mein stummes Tun gegründet.«

Und in ›Wir Zusammen‹ wiederholt er:

»Wie rein du bist aus Sonne oder aus gesunkner Nacht,
wie triumphal das Übermaß deiner Kontur ganz aus Weiße,
und deine Brust aus Brot, des Erdstrichs stolz,
aus schwarzen Bäumen, deine Krone, Vielgeliebte…«

»Und du wie ein Sternenmonat, wie ein unlösbarer Kuß,
wie Struktur einer Schwinge oder Herbstbeginn,
Mädchen, du meine Mitverschworene, meine Zärtliche,
das Licht hat seine Schlafstatt unter deinen großen Lidern,
golden wie Büffelkühe, und die rundliche Taube
baut ihre weißen Nester oft in dir…«

»Wie gleichst du dem längsten Kuß…«

Das sind Lichtblitze, die seine Erinnerung und seine Sehnsucht steigern. Doch schließlich versinkt seine poetische Thematik in trostlosem Pantheismus, in der »Versachlichung«, von der Mario Osses spricht, »in der des Dichters metaphysisches Streben agonisch auf dem gespannten Seil Leben – Tod schwankt«. Für Osses »lebt der Dichter in Trostlosigkeit und Angst, bestürmt vom Nichts und vom All, Ausschau haltend nach dem Geheimnis«. Denn »mystisch oder mysteriös ist das Wesen der Wirklichkeit: die Zeit, das Leben«.[161] Deshalb ist für den Verfasser von ›Poetische Dreifaltigkeit Chiles‹ Nerudas Dichtung »zeitlich, sie drückt Allirdischkeit, Allgegenwart aus, die Substantivität, die Göttlichkeit der Zeit, die mit ihrem Atem die Dinge verbraucht. Es ist der untröstliche Gesang einer leicht heiseren Glocke.«[162]

Bar der Geistigkeit, möchten wir sagen, gottesfern, fern vom höchsten Schöpfer ebenjener Natur, die er in seinem materialistischen Pantheismus besingt oder schmäht, rühmt oder erniedrigt.

Der Dichter ist »einem Gesetz unterworfen« – behauptet Antonio de Undurraga –, »das wir kosmisch, tellurisch nennen würden, in dem er sein Wort schafft, ausgehend von der Natur, in der sein Ich ruht, gleichsam ihr untergeordnet oder von ihr ernannt«.[163] Von einer Natur, die keine Gottessohnschaft anerkennt, die ihren Schöpfer vergessen hat, der über Winde und Wasser gebietet, über Erde und Firmament.

In ›Aufenthalt auf Erden‹ »bestimmt die philosophische Haltung den reinen Vers«, schreibt Valbuena Briones. »Der Titel des Buchs erklärt uns, daß diese Lyrik den Himmel vergessen hat.« Für den Ordinarius der Hispanischen Literatur an der Universität von Delaware handelt es sich um »einen bebenden Gesang lebendiger Erfahrung, verkündet in einer von Auflösung und Schmerz besessenen Welt. Die Erde ist das, was den Menschen formt, und dieser kehrt zu ihr zurück. Der Begriff der Schuld ist in ihm eingeschrieben ohne den Ausgleich des erlösenden Glaubens. Sinne und Halluzinationen vergegenwärtigen eine wirre Masse von Formen und Schatten, in der das denkende Sein sich unablässig wendet, windet und dadurch sein Dasein bestätigt. Was ist, verdirbt und verändert in aufhörlich verhängnisvollem Geschehen die Erscheinung. Allgegenwart auf einer Bühne ohne Lächeln, ohne Liebenswürdigkeit, ohne Zuneigung, wo die Gestalten an die windgetriebenen Verdammten erinnern, die Dante in seinem Inferno geschildert hat.«[164]

Fraglos wird seine südliche Heimat mit ihren Wäldern und Regenfällen, mit ihrer überschwenglichen Natur in ›Aufenthalt auf Erden‹ gegenwärtig, wie auch der Quietismus des jahrtausendealten Indiens mit seinem religiösen Paganismus, mit seinem fatalistischen Pantheismus, in der Poesie und Prosa unseres Konsuls in Rangun, Colombo und Batavia Fleisch und Blut wird.

Vielleicht erklärt sich daraus, daß, wie Mario Ferrero anmerkt, »›Aufenthalt auf Erden‹ fast durchweg von Todesbesessenheit geprägt ist, freilich von einem Tod ohne die Möglichkeit des Ausruhens, ohne den Sturz ins Unendliche«.[165]

Jedenfalls bewertet die allgemeine Kritik ›Aufenthalt auf Erden‹ als genialen Beitrag des Autors und meint, damit habe Neruda »den Sprung zum Surrealismus vollzogen«.[166] Ferrero zufolge »erreicht der Dichter mit diesem Buch das Niveau der Weltliteratur«.[167] Und Margarita Aguirre führt in ihrer vollendeten Biographie aus, mit ›Aufenthalt auf Erden‹ sei Neruda in Europa bekannt geworden, und sein Name beginne Weltgeltung zu erlangen.[168] Rodríguez Monegal seinerseits behauptet, Neruda sei »mit diesem vom Feuer des Orients gezeichneten Werk dazu bestimmt, die Poesie der spanischen Sprache dieser Zeit für immer zu verändern«.[169] Für den uruguayischen Kritiker beginnt mit ›Aufenthalt auf Erden‹ Pablo Nerudas wahrhaft schöpferisches Werk; der entsprechende Gedichtzyklus ist für viele Kritiker »nach wie vor sein bedeutendstes Werk und bestes Diplom für die Anwartschaft auf internationalen Ruhm«.[170]

Doch kehren wir zum Kern dieses Essays zurück, zu Nerudas Liebesleben. Wie wir bereits ausführten, ist dank dieser Wurzel der Dichtung Nerudas in ›Aufenthalt auf Erden‹ nicht alles Vernichtung. Sehr richtig bemerkt Amado Alonso, daß in vielen Gedichten des Buchs »der dunkle Liebestrieb nach wie vor das Rückgrat« ist, »das von innen her eine Welt zusammenhält, die zerfallen möchte«.[171] So kommt die Gleichung Zersetzung – Hoffnung zustande, welche die Inspiration von ›Aufenthalt auf Erden‹ beflügelt.

Die Kritiker stimmen darin überein, daß dieses Werk besonders bezeichnend sei für die Einsamkeit, die niederdrückende, trostlose Umwelt, die den Dichter in der sogenannten Hölle des Mittleren und Fernen Ostens umgab; auch erkennen die meisten den Einfluß an, den die durch seine eintönige Existenz hervorgerufene Verwaisung seines Gefühlslebens auf das Buch ausübte.

Wir haben gesehen, daß Neruda in seinem Brief aus Colombo Albertina Rosa das baldige Erscheinen seines neuen Buchs ›Aufenthalt auf Erden‹ in Spanien ankündigt. Doch dies trat nicht ein. Das Werk wurde nicht in Madrid, sondern in Santiago veröffentlicht, und zwar am 10. April 1933 von Nascimento in einer Sonderauflage von hundert numerierten, vom Autor signierten Exemplaren.[172]

Nicht weniger als zehn Gedichte des ersten Bandes von ›Aufenthalt…‹ wurden in Chile verfaßt, und zwar während der ungastlichen, beklemmenden Tage seiner letzten Etappe in Santiago zwischen 1925 und 1927. So unter anderen ›Madrigal, im Winter geschrieben‹, und ›Langsame Klage‹. Ich erwähne nur diese, denn gerade die sandte Neruda aus Ceylon an Albertina.

Wir haben bereits von ›Madrigal, im Winter geschrieben‹ gesprochen. Später werden wir uns mit ›Langsame Klage‹ und ›Adonische Angela‹ beschäftigen, da der Dichter auch dieses letzte an die Studentin von Santiago sandte.
Dichtung und Erinnerung halten ihn in seiner verbitterten Einsamkeit in Indien aufrecht:

»Dein schönes Bild steht auf meinem Nachttisch: ich habe einen kostbaren Holzrahmen dafür machen lassen: Tamarinde, und Deine Augen, von denen ich glaubte, sie würden mich nie mehr sehen, blicken mich Tag und Nacht an.«

»Seltsam« – fährt er in diesem Brief aus Colombo, vom 17. Dezember 1929, fort –, »daß ich wieder in dieser Art an Dich schreibe, da ich nichts von Dir weiß, nicht, was Du von mir denkst. Doch in Wirklichkeit bist Du mir diese ganze lange Zeit nahe gewesen, und meine Erinnerung an Dich hat mir mitunter weh getan wie eine Wunde.«
»Überdies« – fährt er fort – »möchte ich nicht, daß Dir meine Gesellschaft jetzt fehlt, wo Du meinen Plan kennst. Denn es wird das letzte Mal in unser beider Leben sein, daß wir davon sprechen, uns zu vereinigen. Ich werde die Einsamkeit langsam müde, und wenn Du nicht kommst, werde ich sehen, eine andere zu heiraten ...«
Und später: »Doch höre! Ich habe nie eine andere geliebt als Dich, Albertina. In meinen Augen kann keine Frau sich mit Dir messen.«[173]

Und in einem anderen, gleichfalls in Colombo geschriebenen Brief:

»Ich kenne Dich eben so wie ich Dich liebe und weiß, daß Du voll unendlicher Zärtlichkeit bist.«[174]

Und am 19. Dezember: »Auf keinen Fall möchte ich Dich zwingen, zu mir zu kommen. Ich kann mich nicht in Deine Lage versetzen, und nachdem ich Deinen einzigen Brief zum hundertsten Mal gelesen habe, merke ich, daß Du vielleicht nach Chile heimzufahren wünschst. Auch müßtest Du mit Deinem Kommen Deinen Anteil an Leiden und Misere in Kauf nehmen, die mein Leben in größerem Maße aufweist als das anderer Männer. Bitte handle, wie Du es wünschst. Der Deine, Pablo.«[175]

Um Weihnachten desselben Jahres ein leidenschaftliches Telegramm: »Noch einige Küsse für Dich und damit Du siehst, daß ich Dich nicht vergesse. Nicht ein Wort von Dir in der letzten Post. Pablo.«[176]
Aus Colombo, ein letztes Mal, am 12. Januar 1930, schreibt er an Albertina Rosa, die in jenen Tagen in Erfüllung eines von der Universität Concepción erhaltenen Lehrauftrags von Paris nach Brüssel reist.[177]

»Mein vielgeliebtes Rotznäschen, ich bitte Dich, den beiliegenden Brief zu verzeihen, wenn er Dich unangenehm berührt. Sieh, ich führe ein sehr einsames Leben, für gewöhnlich spreche ich Wochen um Wochen mit niemandem, ausgenommen meinem Diener. Du wirst begreifen warum, sofern Du kommst, wie ich hoffe. So kann ich über die große Freude, wieder von Dir zu hören, niemandem ein Wort sagen, an niemanden kann ich meine Wut über irgendwelche Widerwärtigkeiten loswerden ...«[178]

Und am 12. Januar 1929 aus Wellawatta: »Meine Albertina, ich kann kaum meine Wut beherrschen und Dir ruhig schreiben. Gestern wurde mir aus Deiner berühmten rue Jourdan mein wichtiger Einschreibbrief mit dem Aufdruck *Parti sans laisser adresse* zurückgeschickt. Ich muß Dir sagen, daß ich darin einen gewissen grausamen Mangel an Verantwortlichkeit sehe, von dem ich nicht weiß, wie ich ihn auffassen soll. Ich habe all die Zeit wahnsinnig an Dich gedacht, daran gedacht, wie ich die tausend Konflikte lösen soll, die Dein Kommen mit sich bringen könnte und angstvoll auf ein Wort von Dir gewartet, und als ich es in Händen zu halten glaubte, bekomme ich meinen Brief zurück, weil Du nicht einmal geruht hast, entsprechende Anweisungen zu hinterlassen.«

Und er schließt nach mehreren Betrachtungen: »Die Zeit Deiner Rückkehr naht und noch sind wir zu nichts gekommen, Du hast nicht einmal meine Vorschläge beantwortet. Wenn Du kommst, wie ich hoffe, muß ich es lange vorher wissen, muß meine Finanzen regeln und an die tausend Einzelheiten denken, die unsere Eheschließung und Existenz mit sich bringen. Ich habe Dir jeden dieser Punkte mehrmals in meinen zahlreichen Briefen auseinandergesetzt. In dem nach langer Rundreise zurückgeschickten Brief lag ein Bild von mir, das ich Dir zugedacht hatte. Kommt es Dir nicht wie eine Strafe vor, es nicht in Händen zu halten?

Glaub nicht, daß, weil ich Dich schelte, ich Dich weniger anbete. PABLO

P. S. Verwirf jeden Plan, der zuviel Zeit beansprucht. Alles muß jetzt geschehen oder nie.«[179]

Doch alles vergebens. Albertina Rosa kehrt nach Chile zurück, und die geplante Eheschließung scheitert endgültig.

Im Lauf der Zeit wirft Neruda Albertina ihr Verhalten vor: »Mädchen, ich sollte fliehen, statt dessen versuche ich von Augenblick zu Augenblick weiterzuleben. Ich will Dir nicht von dem Schaden sprechen, den Du mir zugefügt hast, Du würdest es nicht begreifen... Ich habe Dich eingedenk unserer Liebe zu meiner Frau machen wollen...

Adieu, Albertina, für immer. Vergiß mich und glaube mir, daß ich nur Dein Glück gewollt habe.«[180]

Von Einsamkeit in die Enge getrieben, heiratet der Dichter

Nerudas letzte Etappe ist allgemein bekannt. Von der Einsamkeit und von Albertinas hartnäckiger Ablehnung in die Enge getrieben, entschließt er sich zur Ehe mit María Antonieta Hagenaar Vogelzam, der in Java lebenden jungen Holländerin, »hoch gewachsen, langsam und zeremoniell« nach Margarita Aguirre[181], und am 6. Dezember 1930 wird in Batavia Hochzeit gefeiert.

Wochen später, am 26. Januar 1931, teilt Neruda das wichtige Ereignis dem Dichter-Freund Angel Cruchaga Santa María mit und bittet ihn, seine Eheschließung in Chile bekanntzugeben. Schelmenstreich des Schicksals! Albertina Rosa wird Jahre später ebendiesen Cruchaga Santa María heiraten.

Hier ein Ausschnitt aus Nerudas Brief an Cruchaga:

»Ich habe geheiratet. Tu mir den Gefallen und veröffentliche in angemessener Form dieses Bild meiner Frau in ›Zig-Zag‹. Dort befindet sich ein Negativ von mir.

Muß ich sagen, daß es nur darum geht, ihr einen Gefallen zu tun? Sie kennt Dich ja gut. Du bist ein vertrautes Gesicht in diesem Haus ...«

Und Tage später, am 17. Februar, noch immer aus Batavia: »Hast Du das Foto meiner Frau an ›Zig-Zag‹ geschickt? Bitte schicke mir zwei Exemplare dieser goldenen Zeitschrift.«[183]

Am 25. April veröffentlicht ›Zig-Zag‹ in ihren Seiten das Bild der schlanken, zeremoniellen María Antonieta. Übrigens und obwohl verheiratet, vergißt Neruda die kleine Abwesende nicht. Ja, Monate nach seiner Eheschließung mit der unglücklichen Javanerin schickt er Albertina Rosa das Gedicht ›Langsame Klage‹ in Handschrift auf üppigem, kunstvollem, indischem Pergament, unterzeichnet: Java, 1931.

»In der Nacht des Herzens« des Dichters »kreist der Tropfen des langsamen Namens« der abwesenden Geliebten »in der Stille und sinkt / und zerbricht und entfaltet sein Wasser«.

»Etwas will seine leichte Verletzung
und seine unendliche kurze Beachtung
wie der Schritt eines vermißten
plötzlich erlauschten Wesens.
Plötzlich, plötzlich gehört
und im Herzen geteilt
mit trauriger Beharrlichkeit und Steigerung
wie ein kalter Herbsttraum.
....
Dort bleiben seine armen blauen Funken
und entschweben in der Stimme des Regens.«[184]

Alte Lieben leben auf

Zu Beginn des Jahres 1932, nach einer mehr als zwei Monate dauernden Seereise, landet der Dichter, wie andernorts erwähnt, wieder in Chile. Er kehrt heim mit seiner Frau, doch auch mit der Frucht seiner Einsamkeiten und Sehnsüchte. Von Puerto Montt fährt er nach Temuco, wo er am 19. April eintrifft. Kurz darauf reist er nach Santiago weiter.
Kaum in der Hauptstadt angelangt, gilt sein erster Gedanke seinem Rotznäschen:

»Du kannst mir ans Außenministerium schreiben, wo ich arbeite. Du wirst wissen, daß ich seit Dezember 1931 verheiratet bin. Die Einsamkeit, die Du nicht heilen wolltest, wurde mir immer unerträglicher…
Ich würde gern ein wenig Deine Stirn küssen, Deine Hände streicheln, die ich so geliebt habe, Dir ein wenig von der Freundschaft und Zärtlichkeit schenken, die ich noch immer für Dich im Herzen trage…«[185]

Tage später, am 13. Mai:
»Albertina, ich erhielt das Sonett, das ich vor so vielen Jahren für Dich geschrieben habe. Es hat mir zu denken und zu leiden gegeben. Ich würde Dich gerne sehen. Willst Du mir einen langen Brief schreiben?
Es gäbe vieles zu bereden, vieles zu erinnern. Ich will Dich nicht bedauern, aber mir scheint, Du hast einen großen Irrtum begangen.
Meine Telegramme, meine Briefe haben Dir gesagt, daß ich Dich heiraten würde, sofern du nach Colombo kämst.
Albertina, ich besaß bereits die Heiratsgenehmigung und hatte das nötige Geld beantragt. Das weißt Du, ich habe es geduldig und eingehend in jedem meiner Briefe an Dich wiederholt

. . . .

Indes, vergessen wir endlich das Böse, das wir einander angetan haben und seien wir Freunde, seien wir hoffnungsvoll.«[186]

Und zwei Monate später, am 11. Juli:
»Meine geliebte Albertina, ich habe Deinen Brief schon fast vor einem Monat beantwortet und Du erwiderst nichts auf das, was ich Dich frage. Immer die gleiche, wie kann ich Vertrauen zu Dir haben? Rubén erzählt mir, Du habest ihm

geschrieben, und warum keine Zeile an mich? Das gleiche, das gleiche wie früher!

. . . .

Warum schreibst Du mir nicht zum ersten Mal in Deinem Leben einen langen Brief und erzählst mir etwas?
Ich erwarte jetzt gleich Deinen Brief.«[187]

Mit Recht sprechen seine Biographen von einer alten Liebe, die während des Dichters Aufenthalt in Chile wieder auflebte.
Hernán Loyola äußert 1967 in ›Sein und Sterben bei Pablo Neruda‹: »Neue und alte Lieben verwirren Neruda in Santiago und Temuco.«[188]
Derselbe Loyola wiederholt 1971 in seiner ›Wesentlichen Anthologie‹: »Die Notwendigkeit, im Außenministerium Kontakte und Arbeit wiederaufzunehmen, beschleunigte Nerudas Rückreise nach Santiago. Dort erwarteten ihn die alten Freunde. Doch auch ein häßliches Jahr in der Stadt erwartete ihn, ein Jahr der finanziellen Nöte und der ehelichen Schwierigkeiten.«[189]
In jenem Sommer gelang es Neruda, laut Loyolas Bericht, nach Temuco und Puerto Saavedra zu entweichen, wo seine alten Lieben nochmals aufflammen. Doch zu jener Zeit schon hatte Albertina Rosa dem Dichter Türen und Hoffnungen für immer versperrt.

Das neue Leben

Nach Jahren und Monaten ständigen Aufenthalts in Chile wird Neruda im August 1933 zum Konsul in Buenos Aires ernannt, wo er im Oktober desselben Jahres García Lorca kennenlernt. Im Mai 1934 reist er nach Spanien. Am 18. Au-

gust wird seine Tochter Malva Marina Trinidad geboren; die Niederkunft ist schmerzhaft und so schwierig, daß das Kind tagelang zwischen Leben und Tod schwebt. Zwei Jahre später, Ende 1936, trennt Neruda sich von María Antonieta, und seine Tochter stirbt 1942 völlig verlassen in Madrid.
1936 heiratet Albertina Rosa den zarten, mystischen Dichter Angel Cruchaga Santa María, der 1948 den Chilenischen Literaturpreis erhält. Neruda vereint in einem Sonett den Freund und seine angebetete Studentin von Santiago und sendet ihnen dazu einen Falter von Muzo:

»Zu deiner hölzernen und hellen Fahne
geselle dieser Falterflügel Reigen
aus reifem Wachs, aus reinen Träumers Wahne,

die auf der Städte Straßen dich zu sehen
erhoffen, Angel, auf des Frühlings Steigen,
umschwärmt von Albertinens Flaggenwehen.«[190]

Später, 1953, als Nascimento der Leserschaft ›Die ganze Liebe‹ des Dichters übergibt, sendet Neruda eines seiner schönsten Exemplare dem Paar Cruchaga-Azócar mit folgender Widmung: »Für Angel und Albertina, Geschwister aller Zeiten. Pablo 1953. Los Guindos.«[191]
Die Jahre vergehen. Neruda heiratet noch zweimal: zunächst Delia del Carril, später Matilde Urrutia. Sie inspiriert die langsam entstehenden, schon herbstlichen Werke des Dichters: ›Elementare Oden‹ und ›Die Trauben und der Wind‹. Während Matilde in ›Verse des Kapitäns‹ geheimnisvoll verborgen bleibt, tritt sie in ›Extratouren‹ namentlich hervor. Dennoch glimmt die Erinnerung an Albertina Rosa weiter. Und die Studentin aus dem Jahre 1923 erhebt sich 1950 im ›Großen Gesang‹ »süßer noch, unendlicher / als die Lieblichkeit, du

unter Schatten: ...aus vergangenen Tagen / steigst du auf, deinen Kelch mit betäubendem Blütenstaub / füllend / in der Bezauberung /
Aus der Nacht voll
von Schimpf, Nacht wie verschütteter
Wein, Nacht aus rostigem Purpur,
sank ich, ein verwundeter Turm, hin zu dir,
und zwischen den ärmlichen Linnen wogte,
den Himmel versengend, dein Geschick mir entgegen.

O Netze des Jasmins, o Flamme körperhaft,
genährt von diesem neuen Schatten,
Finsternisse, an die wir rührten, den Gürtel
fester schnürend, den Zeitablauf treffend
mit grausamem Ährenwind.

Liebe und nichts anderes, im Hohlraum
einer Luftblase, Liebe mit toten Straßen,
Liebe, da alles Leben erstarb
und uns zurückließ, die einsamen Winkel entflammend.«

Dann taucht der Dichter »unter, blindlings... sammelte Blütentrauben, / löste mich, um von Kuß zu Kuß zu wandern, / gebunden nur an Liebkosungen, ...hungrig immer zwischen den Lippen der Erde, / verschlingend mit verschlungenen Lippen«.[192]

Vierzehn Jahre später, im Jahre 1964, erscheint Albertina Rosa im ›Memorial von Isla Negra‹ von neuem als Rosaura:
»Uns verlieh die Liebe...« – erinnert er sich – »das Herzpochen, / das geboren wird und sich verbreitet... diesen Bruchteil Tod, der uns
entflammte bis wir erloschen.

S O N E T O

para Angel Cruchaga Santa María

enviándole una mariposa de Muzo.

LA MARIPOSA TU MIRADA ESPERA
LA GAVIOTA TUS AGUAS ILUMINA :
SON LAS DOS UNIDADES DE LA ESFERA :
EL FUEGO AZUL Y LA MITAD MARINA .

EL AIRE DE LAS ALAS TE VENERA
Y EL SUBTERRANEO DE LA SAL MAS FINA
CONDECORA TUS SIENES AGORERAS
CON ALTA NIEVE Y PROFESION DE MINA .

A TU CLARO ESTANDARTE DE MADERA ,
DE PURO SUEÑO, DE MADURA CERA
AGREGA ESTAS DOS ALAS MATUTINAS

QUE ESPERAN, ANGEL, verte en las aceras
DE LAS CIUDADES Y LAS PRIMAVERAS
RODEADO DE BANDERAS ALBERTINAS .

Pablo Neruda

"Michoacán", 6 de Julio de 1944

para
Angel

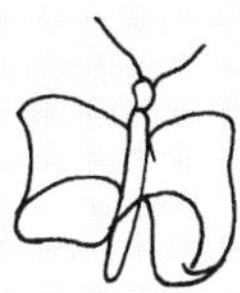

Für mich, für dich,
erschloß jener Genuß
zur einzigen
Rose sich
in den dumpfen Außenvierteln,
bei voller abgerissener Jugend…
wir waren die leichtfertige Liebe
und die Schwäche der Reinheit…«

Und an anderer Stelle:
»Damals fanden
wir in der leiblichen Rose
das zuckende Feuer
und wir brauchten uns auf
bis an den Schmerz:
indem wir uns Wunden schlugen,
lebten wir…«

Und schließlich:
»wir selber verteidigten uns Glut um Glut,
Kuß um Kuß.«[193]

Der Bogen, der sich 1921 schlägt, bei der Entstehung der »Zwanzig Gedichte mit Salzgeschmack wie zwanzig Wellen aus Frau und Meer«[194] – die nun, zur Fünfzigjahrfeier ihres ersten Erscheinens in allen Sprachen und Winkeln der Welt gelesen werden –, schließt sich 1964 in ›Isla Negra‹, »Glut um Glut, Kuß um Kuß«, in der Erinnerung des Dichters.

»Dunkle Wege, auf denen der ewige Durst wandert,
und die Müdigkeit wandert, und der unendliche Schmerz.«

Nerudas Briefe
an Albertina Rosa

Argentina: También hoy, 22,
llegó carta de
tí. Estás mag-
nífica. El Do-
mingo me voy.
Venía la pluma.
El viento me
la quitó! Ha
llegado allá?
Estudias? He
robado un ga-
tito romano,
hermosísimo:
lo llevaré a
Santiago. Aquí
hay ya una bruma de invierno, y
que tristes, los puertos, cuando llueve!
He ahí mi retrato.

[illegible]

1.
Albertina: Auch heute, am 22., kam ein Brief von Dir. Du bist fabelhaft. Sonntag fahre ich. Die Feder kam. Der Wind hat sie mitgenommen. Ist sie angekommen? Studierst Du? Ich habe einen kleinen römischen Kater gestohlen, bildschön: werde ihn nach Santiago mitnehmen. Hier herrscht schon winterlicher Nebel, und wie trostlos sind doch die Häfen, wenn es regnet! Hier mein Porträt.[1]

PABLO

2.
Wir werden bald wieder zusammen sein, Rotznäschen, und zum mindesten werden wir fröhlicher sein. Dies ist ein vergilbtes, trostloses Dorf[2], ich habe es durchstreift von Anfang bis zu Ende, habe mit all meinen Bekannten gesprochen, habe alle mitgebrachten Bücher gelesen, habe alle Sterne dieses Himmels gesehen. Drum sieh zu, daß Du mir schreibst; ich liebe Dich so sehr, wenn ich denke, daß das nicht mein ganzes Leben ist, weil Du nicht da bist und mir fehlst. Montag gehe ich aufs Land: zwei Stunden Ritt. Ich werde Deine Briefe hier abholen und die aufgeben, die ich Dir schreiben kann, sie werden weder zahlreich noch interessant sein. Denk nicht, daß ich nach Concepción gehe, denke lieber, aber glaub nicht, daß ich gehen kann: es ist so weit weg, und ich könnte Dich nicht mitnehmen.
Alle meine Pläne zum Schreiben, Studieren, Denken fallen langsam in sich zusammen. Mir geht es schlecht im Dorf, schlecht zu Hause und überall. Heute um zwölf hatte ich den wahnsinnigen Wunsch, nach Santiago zurückzukehren und mich freiwillig in meiner Klosterzelle zu begraben. Möglicherweise tue ich es, jedenfalls ist es nicht unmöglich. Auf alle Fälle werde ich im Februar studieren (studiere!), und im März werde ich die Teeaugen meiner Kleinen sehen. Des Rotznäs-

chens, das mir in elf Tagen zehn Zeilen schreibt und die Nummer meines Postfachs vergißt.
Du verdienst keine Zeile mehr.

Der Deine Pablo

3.

Was soll ich Dir erzählen, meine Kleine, um Dich zu unterhalten? Es ist Nacht, und ich bin fröhlich, fröhlich. Allein, zu Hause, in meinem Haus, das wie ein Turm voller Fenster ist, durch die ich in die Nacht voller Sterne blicke. Ich bin nicht müde von der Reise, so abenteuerlich sie verlief. Gegen Mitternacht versteckten sie mich unter einer Pritsche, dort lag ich fünf Stunden zu Eis erstarrt. Dann ein Wagen der dritten. Nichts Fürstliches. Immerhin kam ich an. Ich bummelte den ganzen Nachmittag durch diese Straßen, die ich so oft gesehen habe. Lief auch in der Umgebung umher und brachte große Veilchensträuße mit, die so schön sind, daß sie Dir gehören müßten. Herrlich, diese grünen Weiden zu sehen, diese vom Abendnebel verdunkelten Hügel und mich zu fühlen, mein eigenes Ich, frei von all den Albernheiten, beweglich und allein. Ach, wärst Du da, Albertina. Wärst Du jetzt hier, vor dieser Kohlenglut, die mich wärmt, wärst Du hier mit Deinen traurigen Augen, mit Deinem Schweigen, das mir so gut gefällt, mit Deinem Mund, der meine Küsse braucht. Komm, Kleine! Oder denk wenigstens an mich.
Einen, zwei, drei, hundert Küsse von Deinem

Pablo

Ah! Schneide mir aus, was ich über Rubén veröffentlicht habe und schick es mir. Ich werde ihm von hier aus schreiben. Postfach 65.[3]

4.

Ich bin durchs Dorf gegangen, habe Papier für diesen Brief gekauft und bin froh, ein paar Worte von Dir eingesammelt zu haben, die nicht so trostlos sind, wie ich dachte. Ich bin zufrieden. Der Abend ist kalt, Wind und Regen, ich habe ein Feuer, Tee, Tabak, Papier. Das ist »l'aisance«, ungelesene Bücher, saubere Wäsche.

Schade, daß mich das so rasch ermüdet, schade, daß mein angebetetes Rotznäschen nicht hier ist und ich ihretwegen so unruhig bin.

Plötzlich stört es mich, Dir nichts Ungewöhnliches erzählen zu können, irgend etwas Schreckliches und Unglaubliches, was Dich zum Lächeln bringt, weil Du mir nichts glaubst, häßlicher Kakerlak.

Ich habe meine alten Freunde nicht wiedergefunden, niemanden, niemand ist hier.

Ich bin zur Einsamkeit verdammt. Ich werde mir eine kleine Freude machen, die Du mir nicht nehmen kannst: Deine Briefe lesen und Dir so oft schreiben wie ich kann.

Jetzt gefällt mir das Wort *Apfel.* APFEL.

Wenn ich eine Tochter bekomme, wird sie Apfel heißen, ohne Zweifel. Sollte sie Deine Tochter sein, wird sie hoch gewachsen sein und bläßlich wie die großen gelben Äpfel, die man im Winter zu Hause in Seidenpapier lagert.

5.

Mein Rotznäschen, heute, 2. März, habe ich nichts von Dir erhalten, ich schicke Dir hier ein Bild von Rubén. Ich bin mißvergnügt und faulenze. Ich werde nächsten Dienstag dort sein. Frage doch, bis wann Tomás und der andere da sind.[4] So gibt man Unterricht: laß sie lesen und übersetzen, wie dir's gefällt und kassiere in der dritten Stunde. Sag Rubén, er soll mir schreiben, der Affe. Auch Du vergiß mich nicht, lange Küsse

Pablo

6.

Rotznäschen meiner Erinnerungen. Rubén ist nicht im Lande aufgetaucht. Ich schreibe Dir am 31. Januar, hat er von der Reise Abstand genommen? Man wird ihm sagen, daß Tom heute abgereist ist, er soll mir Bücher zum Lesen bringen, blonden Tabak und schwarze Tulpen.[5] Dafür werde ich ihm heilige Wurzeln aus Ungarn mitgeben, die Unheil austreiben und die Liebe anlocken.

Du bist sicher, daß ich fahren werde, ich nicht. Ich habe ein wildes Verlangen, Dich zu sehen und an mich zu drücken, aber ich möchte Dir nützlich sein und sehe nicht wie. Das würde mich quälen. Auf jeden Fall, wenn ich Geld habe, fahre ich. Sag mir, ob du an Pino telegrafiert hast.[6] Ich nehme an, Du bist in Deiner neuen Wohnung. Hübsch, häßlich? Hast Du ein Zimmer für Dich? Stell das Kopfende nach Süden, dahin, wo ich bin und an Dich denke. Hier sind die Tage glutheiß, gräßlich. Nachmittags ein fürchterlicher Wind voller Kies und Treiberde. Ich wandere jeden Tag, ins Gebirge, zum Fluß, zu den Landgütern, um nicht zu sterben. Es wäre nicht sonderbar, wenn das einträfe, ist aber ebensowenig wahrscheinlich.

Es küßt Dich Dein Freund Ne…

Ricardo[7]

7.

Rp[8]

26. August

Mein Rotznäschen. Verzeih all die nervösen Briefe, die ich nur schreibe, damit Du mir antwortest, wenn ich ungeduldig auf Nachrichten von Dir warte.

Mein Leben hat sich sehr verändert, ich könnte es Dir in Briefen nicht verständlich machen, drum verlangt es mich danach, Dich wieder bei mir zu haben, damit Du hier wärst und ein wenig für mein Leben sorgtest. Meine Freundin Olga war hier und hat mir fast den ganzen Nachmittag vorgelesen. Sie ist sehr gut zu mir, ich mag sie gern, nicht aus Liebe, aber aus Freundschaft.
Das andere, woran Du mich in Deinen Briefen erinnerst, existiert nicht mehr und hat nie existiert. Niemand wird es fertigbringen, daß ich Dich vergesse, meine Puppe, nach all meinem Zeug kehre ich zu Dir zurück mit der gleichen Zuneigung wie vorher, deren Du sicher sein kannst. Nicht wahr?
Kürzlich hat mir Rubén geschrieben und mir erzählt, er habe Dir gesagt, Du sollest um Urlaub bitten, damit Du ihn im September begleiten kannst. Sieh zu, daß es gelingt, so werden wir uns in Ancud sehen.
Ich esse im Bett und schreibe Dir zwischen einem Gericht und dem nächsten, ich möchte Dir lange schreiben, damit du mehr Zutrauen zu mir faßt. Hör, Du hast mir nichts von den Fragen der Ärztin gesagt, Du weißt, wie mich diese Dinge interessieren, Du tust unrecht, mich nicht auf dem laufenden zu halten mit dem, was Dir zustößt.
Schön, mein Hauptleiden ist zur Zeit die Armut. Jeden Tag muß ich mir Geld zum Essen besorgen. Ich habe mein Teil gelitten, mein Mädchen, und habe Lust verspürt, mich umzubringen vor lauter Überdruß und Verzweiflung.
Ich habe viel Spielzeug für Dich gehabt, *viel*, und Bücher, und Zärtlichkeiten, schade, daß Du so weit weg bist.
Ich küsse Dich mit meinem ganzen Herzen

Pablo

schreib mir jeden Tag an M. Rodriguez 758

8.

Albertina, ich bin seit einer Woche auf dem Land, einige Meilen von Temuco entfernt. Heute, 19., kam Dein Brief, und so verspätet, weil niemand ins Dorf geht. Hier bin ich wirklich auf dem Land: Weizenfelder, Sonnenuntergänge, Maquibüsche, Polei, unberührtes Bergland mit Pumas. Mein Briefpapier ist eine Briefkarte von Juana de Ibarbourou, die Tinte habe ich durch ein Wunder beschaffen können.

Nachmittags liege ich unter einem Peumobaum. Und sehe in die Berge, lasse mich vom wütenden Wind peitschen und denke an Dich, manchmal. Ah, mit Dir an diesem einsamen Ort zu sein, ich wäre glücklich. Ich bin schon zufrieden, wenn Du an mich denkst und mir dann und wann schreibst. Denn die Zeit wird Dich sicherlich in meine Arme zurückbringen.

Küsse von Deinem

Pablo

Hijuela Miramar, 19. Januar

9.

Albertina, erzähl mir von Deinem Leben, was machst Du. Wir sind schon im März, dieser Monat bringt mich nach Santiago.

Ob Du meinen Brief von neulich beantwortet hast? Ich bin auf dem Land, im Gebirge: wieder einmal. Heute habe ich zu studieren versucht, doch ohne Erfolg. Ich habe die Seiten von Malapert wiedergelesen, die wir an der Plaza M. Rodríguez zusammen lasen, und ich habe mich wie damals Deinethalben amüsiert. Aber ich habe eine hübsche Flinte und bin morgens der Schrecken der Urwaldvögel. Gestern habe ich eine junge fröhliche Drossel erlegt. Heute habe ich nutzlos Kugeln auf die Adler verschossen, die sich gelegentlich auf den Eichen niederlassen. Ich treibe auch Sport und werde natürlich Meister im Hochsprung werden. Ah, welche Freude, Dich bald in meinen Armen zu halten, Rotznäschen, und Dir den Mund mit einem langen ländlichen Kuß zu verschließen!

Der Deine

Pablo

Hijuela Miramar, 2. März

10.

In Temuco erhielt ich Deinen letzten Brief und hier den von Rubén sowie andere äußerst widersprüchliche.

Ich bin bereits an der Küste. Ich höre das Tosen des Meeres, es ist ziemlich kalt.

Hör, schreib mir jetzt jeden Tag. Ich bin so schrecklich allein an diesen riesigen Stränden. Und außer dieser Einsamkeit gibt es für mich nur noch Dich.

Schön. Ein andermal gebe ich Dir Nachricht von meinem Leben hier und schicke Dir eine gelbe Seemuschel, die wie das Meer singt. Und Dir meinen Namen sagt mit ihrer Meeresstimme.

Es küßt Dich viele Male

Pablo

P. Saavedra, 1. Februar

11.

Mein geliebtes Rotznäschen: Morgen reist Rubén ab, der allein kommt, um Dich zu holen, wenn auch nur für wenige Tage. Ich werde ihm einen Brief für Dich und Dir damit Anweisungen geben, mein Rotznäschen, glaub bloß nie, daß ich Dich vergesse, wenn Du wüßtest, wie schwer mir alles fällt, wie besorgt ich bin, welche Pläne ich habe, Du würdest mir nur allzu recht geben. Du kommst mit Rubén, entweder

gutwillig oder mit Gewalt, was Du mir von Deiner Gesundheit sagst, erfordert Deine sofortige Reise. Du nimmst den Zug, und wenn alles zusammenbricht.
Heute hatte ich eine peinliche Auseinandersetzung mit Rubén, ich habe ihm seine Böswilligkeit unverblümt vorgeworfen, und habe ihm gesagt, er dürfe überzeugt sein, daß Deine Reise unumgänglich ist, aus Gründen, die ich ihm nicht sagen konnte. Nutz dies aus, aber sag ihm, daß es um Intimes geht, sag ihm außerdem, was Du willst, vorausgesetzt, daß dieses Opfer zu etwas nütze ist.
Es umarmt Dich, küßt Dich Dein Pablo

12.

Temuco

Meine Kleine, gestern mußt Du eine Zeitung bekommen haben, und darin ein Gedicht der Abwesenden[9] (Du bist die Abwesende). Hat es Dir gefallen, Kleine? Bist du nun überzeugt, daß ich an Dich denke? Und Du? In zehn Tagen ein Brief. Nachmittags auf der feuchten Wiese ausgestreckt, denke ich an Deine graue Baskenmütze, an Deine Augen, die ich liebe, an Dich. Um fünf schlendere ich durch die einsamen Straßen, über die benachbarten Felder. Nur ein Freund begleitet mich manchmal. Mit den zahlreichen Freundinnen, die ich früher hatte, bin ich zerstritten, somit bin ich einsam wie nie und wäre glücklich wie nie, wenn Du bei mir wärst. Am 8. habe ich im Innenhof meines Hauses einen Baum gepflanzt, eine Duftakazie. Außerdem habe ich im Gedanken an Dich von den Landgärten eine weiße Narzisse mitgebracht, herrlich. Hier bricht nachts ein schrecklicher Wind los. Ich wohne allein, auf der Höhe, manchmal muß ich aufstehen und ein Fenster schließen, um die Hunde zum Schweigen zu bringen. Zu dieser Stunde schläfst Du wohl (wie im Zug), und ich öffne

ein Fenster, damit der Wind Dich hereinträgt, ohne Dich zu wecken, wie ich Dich hereintrug. Überdies werde ich Dir zu Ehren morgen einen vierfarbenen Drachen steigen lassen, damit er auffliegt in den Himmel von Lota Alto. Du wirst, Geliebte, eine lange Botschaft erhalten, eine aus diesen Nächten, zur Stunde, wenn das Kreuz des Südens an meinem Fenster vorbeizieht.
Morgen werde ich Dir ein unterhaltsames Buch von Tschechow schicken. Hole es ab. Es kommt ein Wie ist Dein Leben? Ich habe einen schlimmen Tag. Schlimme Dinge – ein Nebeltag, eine alte Liebe, die nicht sterben will – schlimme Dinge. Je nun. Ein andermal schreibe ich Dir ausführlich. Sage mir süße Worte. Ich hab Dich sehr lieb, immer. Manchmal, heute, beängstigt es mich, daß Du nicht bei mir bist. Daß Du nicht immer bei mir sein kannst.
Lange Küsse von Deinem

Pablo

16. September. Nachts.

13.

Das erste, was ich feststellen muß, bevor ich Dir schreibe, ist, ob die Tinte auf diesem schlechten Papier ausfließt. Nun weiß ich, daß sie ausfließt, und ich schreibe Dir unverdrossen. Dein Brief, warum so kurz? Schön. Heute nacht werde ich Dir eine telepathische Botschaft senden. Ich werde Dir sagen: »Ich liebe dich, Arabella.«[10] Du wirst es um drei Uhr morgens hören, sofern Du dann schläfst.
Gestern brach meinem Haus gegenüber ein Brand aus. Wir sind fast mitverbrannt. Hohe, herrliche Flammen, Wasser, Wehklagen meiner Mutter. Ich habe mich königlich amüsiert. Später regnete es.
Du siehst gut aus, bist aber hübscher als auf dem Bild. Ich

werde Dir mal eines machen; werde Deine Baskenmütze malen mit ihrer Farbe, Deinen Mund mit seiner Farbe, und Deine Augen, die teefarben sind. Ich werde Dich am Fenster sitzend malen, und alle, die das Bild sehen, werden sagen: Und dies traurige Kind?
Ich gehe kaum aus. Es regnet fast immer. Ich verbringe meine Zeit wie schlafend. Sitze versunken in einem alten Sessel wie meine Großmutter vor der Kohlenglut und denke, daß es in der Hölle regnen muß wie in diesem gesegneten Dorf.
Manchmal ertappe ich mich dabei, daß ich an Dich denke – und an andere unnütze Dinge –, aber dann fange ich mich wieder und sage mir: Sie ist ein übles Weibsstück.
Dir tun die Augen weh, Kleine, von der roten Tinte? Ist es nicht so?

Pablo

24. Juli

14.

Geliebtes Rotznäschen, beschwere Dich nicht zu sehr, daß ich Dir nicht schreibe, denke an das unglückliche Leben Deines Pablo, ohne Unterkunft, ohne Geld und ohne Dich. Hast Du gestern meinen längeren Brief erhalten? Diese Karte hat mir Yolando [11] geschickt. Reklamiere bei der Post eine Zeitschrift und ein Buch, Drucksache, man soll sie Dir in allen Abteilungen suchen!
Vor vierzehn Tagen habe ich sie an Deinen Familiennamen abgeschickt. Tue alles, was ich Dir sage, empfange diesen unendlich langen Kuß,

Pablo

15.
Ich bin Dir böse weil Du mir in diesen Tagen nicht geschrieben hast.

16.
Morgen oder übermorgen schicke ich Dir einen Brief. Vielleicht eingeschrieben. Nein? Eine Schwertlilienblüte wird mitkommen und drei blaue Falterflügel.[12]

17.
Gerade erhalte ich Deinen Brief.
Traurig? Warum? Antworte unverzüglich.

18.
Ich schicke Dir ein Bild von Pola Negri und einige Verse.[13]
Meine Albertina, heute nachmittag habe ich Dir geschrieben und Dich gequält, ich war etwas verletzt, weil Du Deinen Paul vernachlässigst. Wenn ich Dich nämlich am meisten brauche, Dein Gedenken, Deine Briefe, entfernst Du Dich willentlich von mir. Schlimm, mein Kind, denn ich fühle mich müde und wache manchmal auf mit dem Wunsch, Dich zu vergessen. Erinnerst Du dich an Paschin?[14] Er erzählt wunderbare Geschichten, und mein Wunsch, fortzugehen, bedrängt mich immer stärker.
Dein Leben, was ist aus Deinem Leben geworden, meine kleine Gefährtin? Ich habe schlimme Tage hinter mir, wärst Du imstande, einige traurige Geschichten aus meinem Gedächtnis zu verscheuchen? Es küßt Dich zärtlich Dein Pablo

Vergiß nicht unsere Reise. Verlege sie täglich näher.

19.

Netocha

Ich bin heute vom Hafen zurückgekehrt, nach einer schlaflosen Woche.[15] Ich hoffte, in Santiago einen Brief von Dir vorzufinden. Zum Teufel!

Ich bin drauf und dran, in den Süden zu fahren, noch Ende dieser Woche, zu Deinem Kanakenbruder. Ob ich Dich dort treffe? Du klingst mir nicht sonderlich begeistert. Ein offenes Wort von Dir, Rotznäschen, und ich würde diese stupide Reise nicht unternehmen.

Der Deine PABLO

20.

Albertina, vor drei Tagen habe ich Dir diesen Brief geschrieben. Erst heute, am 11. Februar, habe ich Deinen erhalten. Faultier. Mein Leben kennst Du, es ist noch immer dasselbe: Dich zu mögen. Glaub mir nicht!

Pablo

11. Februar

21.

Bitter sind diese Tage gewesen, meine kleine Albertina. Nervenkrise oder eine Anhäufung von Schweinereien, ich halte es nicht mehr allein aus. Nachts Schlaflosigkeit, lange, schmerzhafte. Ich verzweifle, werde fiebrig. Gestern nacht habe ich zwei lange Romane gelesen. Dann tagte es, und noch immer wälzte ich mich im Bett wie ein Kranker. Hier läßt man mich morgens nicht schlafen. Meine Familie: stupide, böse Leute. Welche Einsamkeit, Herr des Himmels! Warum hat meine Mutter mich zwischen diesen Felsen geboren? Und erschöpft wie ich bin, habe ich nicht die Kraft, in den Zug zu steigen.

Noch vier Tage hier. Nicht wahr, Señorita Albertina, ich klage wie die Weiber? Nein.
Es gibt nämlich einen Moment, wo man nicht mehr kann. Manchmal denke ich an die Menschen, die mir schreiben, nachdem sie meine Bücher gelesen haben, ich denke an die Freunde, ich denke an Dich. Ich gehe fröhlich zum Postempfang, und wenn ich die belanglosen Briefe lese und merke das tägliche Fehlen Deiner Worte, begreife ich die traurige Wirklichkeit. Wer bist Du? Ich, wer bin ich? Was schert Dich, was ich tue oder leide? Was bin ich für Dich? Vielleicht, tief drinnen, in der verborgensten Wahrheit, nichts. Etwas Dir Fremdes, ein Mann, der, wenn er bei Dir ist, gestikuliert, redet, sich entfernt, sich nähert. Ein Mann, vor dem Du Deine klarsten Gedanken verborgen hast, ein Mann, der Dich fast wie eine Puppe behandelt hat und manchmal den Wunsch verspürte, sie zu zerbrechen. Und das bin ich so lange Zeit hindurch für alle gewesen. Ich beklage mich nicht über diese Einsamkeit, die mich anders gemacht hat als alle, doch manchmal dringt ein Schrei aus meiner Wunde. *Pas de tendresse.* Genug.
Ich bereue schon diesen langen, diesen egozentrischen Brief: ich habe nur von mir gesprochen. Ich bringe ihn zur Post in der Hoffnung, daß er verlorengeht. Aber auch wenn Du ihn empfängst, wird er verlorengegangen sein.
Ich habe die Ehre, Dich zu küssen

Pablo

24. September, abends, am Feuer.

22.

16. Februar

Geliebte Elster, auf dem Kalender, den Du mir schickst, zähle ich die Tage. Es fehlen nicht viele Tage, bis ich die kleine Köchin in meinen Armen halte. Ich schreibe Dir, bevor ich mich an meinen Artikel im *Mercurio* mache. Gestern war ich außerhalb des Dorfs, in Puerto Saavedra, Land der Wunder. Heute morgen hat Rubén mir Deinen Brief gebracht. Die Nachmittagspost hat mir nichts von Dir gebracht. Auch gestern abend, als ich in den Hafen kam, erwartete mich kein Brief von Dir. Ein Falter hat sich hier [x] niedergelassen, ich blase und blase, aber er sitzt fest. Nun ist er aufgeflogen und hat sich auf dem Wort *Geliebte* niedergelassen.

Was tust Du in dieser Stunde, meine schmerzliche Geliebte: ich sehe Dein mein fröhliches oder mürrisches Köpfchen, ich sehe Dich in Gedanken von vorne so:  bis zu den kleinen Fußnägeln, alles, alles fehlt mir bis zur Beklommenheit, wie Du es nie, nie begreifen wirst, mein Leben.

23.

CLARIDAD

Postfach 3323, Santiago

Mein innig geliebtes Rotznäschen, ich bin so durcheinander gewesen, daß ich Dir nicht schreiben konnte. Ich habe keinen Raum, ich studiere noch nicht, morgen werde ich's Dir erzählen oder heute abend, wenn ich Dir schreibe. Hier schicke ich Dir das Geld, damit Du die Arznei kaufst, dazu Juans Rezept, davon wird der Schmerz vergehen. Reklamiere ein auf Deinen Namen eingeschriebenes Buch. Ich schreibe Dir im Büro der Zeitung, Rubén ist dienstlich unterwegs, Du wirst vor dem 18. April hiersein, unserem Geburtstag, ich habe diesen köstlichen Namen Netocha für Dich ausgesucht, er gefällt Dir, nicht? Nimm, wenn Du Lust hast, diese Unterrichtsstunden an, das bringt Dir auch etwas Geld, vergiß Deinen Pablo nicht, schreib mir auch, wenn Du keine Briefe von mir bekommst, denn noch habe ich keine Ruhe, um Dir zu schreiben, nicht einmal um Dir Lügen zu erzählen, meine Entzückende.

Küsse Küsse Küsse Küsse Kü Pablo

24.

Mein vielgeliebtes Rotznäschen, Du wirst Dich über mein Stillschweigen gewundert haben, verzeih mir; ich habe mich Dir mit einer Arbeit gewidmet. Ich habe Nachrichten: 500 Pesos für Dein Kommen und für eine Zeitlang Pension. Dafür werde ich in diesen letzten Tagen des Monats einige Freundschaftsversuche unternehmen, gestern ging ein Brief an Deinen Vater, dieser Tage werden Dir die Vicha und die Luz schreiben.[16] Du aber, Mäuschen, wenn der Brief von Luz kommt, mit einigen Prospekten vom Erholungsheim *Hogar*, stell Dich ernstlich deinem Vater und sag ihm, daß Rubén das nötige Geld hat und daß Du nicht bei einer Arbeit eingehen willst, die für Dich widerwärtig und sinnlos ist. Das soll Dein letzter Versuch sein, gib Dich feierlich und zuversichtlich und, wenn es nicht hilft, hast Du am Tag darauf die Überweisung und Du setzt Dich in den letzten Tagen des Monats in den Zug. Wenn Du wüßtest, meine Netocha, was es mich gekostet hat, das Geld zu beschaffen, ich werd's Dir erzählen. Ich möchte endlich all die Besorgnisse lossein, und morgen ist unser Geburtstag, wie trostlos, Dich nicht umarmen zu können und uns vom Morgen bis in die Nacht zu lieben.

Der Deine Deine

Pablo

18. April

25.

Meine Netocha von den Erinnerungen, hast Du meinen langen Brief von vor drei Tagen erhalten? Reklamiere ihn. Von Dir weiß ich nichts, schreib mir geduldig und lehre Deine Schülerinnen meinen Namen.

Ich schreibe Dir Samstag abend, ich weiß nicht, wo wir stehen, ich habe nichts Neues. Wenn Du nicht kommst, vergehe ich vor Mißmut. Es küßt Dich enthusiastisch Dein

Pablo

26.

Meine Netocha, hast Du meinen Brief von neulich bekommen? Warum hast Du mir seit dem 17. nicht geschrieben? Am 1. kommst Du aber bestimmt. Rubén geht scheinbar nach Temuco ans Lyzeum. Erzähl mir alles, was Du erlebst, wie hast Du unseren Geburtstag begangen? Ich habe mich abends betrunken aus Kummer, Kummer. Das andere wird bald geregelt sein. Übrigens sag Deinen Eltern, daß Rubén Geld hat, daß Du am 1. Mai kommen willst. Die Vicha wird Dir schreiben. Es küßt Dich gierig Dein Pablo der Deinige.

27.

Geliebtes Rotznäschen: Hier ein neuer schöner und treuer Brief Deines Bruders, leider nutzlos, da wir seit der Revolution nichts von ihm wissen. Ich kam gestern vom Land, von dort habe ich Dir geschrieben. Am Samstag fahre ich für den ganzen Februar nach Puerto Saavedra: Meer und Einsamkeit. Ich bin zufrieden, weil ich etwas in großer Begeisterung geschrieben habe, gestern und vorgestern abend; meine lange Untätigkeit war mir bereits auf die Nerven gegangen. Ich werde diese ganze Zeit wie wahnsinnig schreiben. Aber das berührt Dich wohl nicht.

Besorg Du Dir ein Lateinbuch. Warum hast Du es mir nicht vorher gesagt, wie sollte ich es finden? Erinnerst Du Dich an den Buchladen in Santiago? Nenn ihn mir, und ich werde schnellstens eines bestellen. Das fällt mir gerade ein.
Mein Kind, wie ich Dich vermisse. Dich neben mir zu haben, Deinen Kopf an meine Brust zu drücken, meinen Deinen Mund zu küssen, das wäre meine geliebte Existenz, und nun bist Du so *arg weit weg.* Lach nicht über dieses Wort. Stell Dir vor, ich komme vom Land.
Soll ich Dir Bücher zum lesen schicken? Was willst Du lesen? Du bist eine Faulenzerin und hast nie *Sascha Jegulew*[17] gelesen, die Geschichte eines Banditen, der mir zum Verwechseln ähnelt. Banditin!
Küsse, Küsse

Pablo

Mehr Küsse

28. Erziehungsministerium

CHILE

Mein Rotznäschen, ich glaube, ich habe Dir gesagt, daß ich eine wunderschöne Behausung habe, heller als andere, in der Nummer 330 der Calle Echáurren. Ich werde Dir sagen, wo sie liegt.

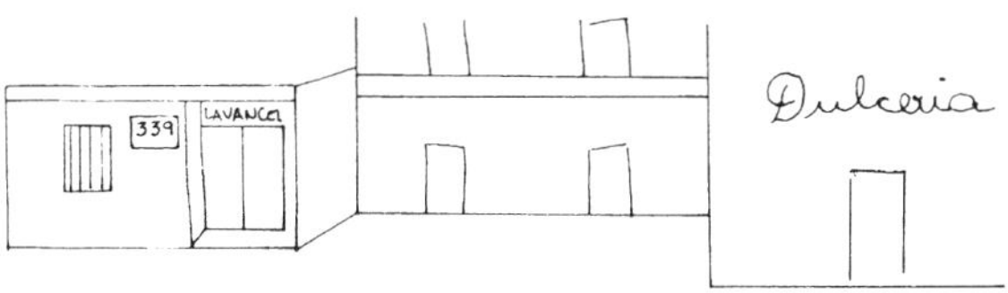

Gefällt Dir die Skizze? Meine Schöne, schreib mir an diese Adresse, denn so empfange ich Deine Briefe morgens im Bett.

mi mucosa, ya creo haberte dicho que tengo una hermosa habitación, más clara que otras, en el número 330 de echaurren. Te diré donde está

Te gusta el croquis? mi linda, escríbeme a esa dirección porque así recibo las cartas en la cama, en las mañanas. Ahora te escribo acostado a las 2 de la ~~mañana~~ noche del sábado. Hoy no recibí carta tuya.

MINISTERIO DE INSTRUCCION PUBLICA
CHILE

aquella mentirita de la ca-
cachacha fea que me besa-
se todos los días. Cuando
llegue le sacaré los calzones
y le pegaré en el potito.
Hoy estuve con la Li-
cha, la encontré en el
café, acabó de casar-
te en estos días me a-
convenza con ella. Des-
pués se fue al cementerio,
la muy zorzala. Tu her-
mano macaco guanaco
chinato tu hermano ma-
caco chinato se ha deja-
do sacar y le compré
un cucurucho

Jetzt schreibe ich Dir liegend. Es ist zwei Uhr, Samstag nacht. Heute habe ich keinen Brief von Dir bekommen. Daß Du mir alle Tage schreibst, ist eine kleine Lüge von dem häßlichen Kakerlak. Wenn Du kommst, ziehe ich Dir die Hosen herunter und verdresch Dir den Po.
Heute war ich mit der Vicha zusammen, ich traf sie im Café, sie wollte Dir dieser Tage schreiben, ich werde mit ihr sprechen. Dann ging sie zum Friedhof, die törichte Person. Dein Bruder, der Makake, der Guanake, der Kanake, Dein Bruder, der Lackaffe, hat sich einen Spitzbart wachsen lassen, und ich habe ihm eine Büßermütze gekauft.

29.
Mein Rotznäschen, ich habe schon eine Wohnung, Echáurren 330, schreib mir nur an diese Anschrift. Hast Du meinen Brief bekommen? Ich werde Dir dieser Tage wieder schreiben. Hast Du einen Brief von der Luz Olguín erhalten? Zeig ihn Deinen Leuten. Meine rotznäsige Netocha, wie allein fühle ich mich in meinem Zimmer, wie, auf welch entsetzliche Weise fehlst Du mir. Erzähl mir, was Rubén sagt, er hat mir gesagt, er habe Dir geschrieben.
Ich arbeite für einen Verleger, sobald ich genug beisammen habe, schicke ich Dir eine Fahrkarte. Unterlaß nicht, mir jeden Tag zu schreiben, jetzt, wo ich Deine Briefe zu Hause erhalten kann. Es ist neben dem Ort, wo ich vorher gewohnt habe, ein

helles, fröhliches Zimmer, aber noch immer traurig. Bis bald, mit langen festen Küssen von Deinem

Pablo

30.

Mein Rotznäschen, ich bin wieder in Santiago, für 30 Tage, anschließend fahre ich nach Buenos Aires, ich bin zu der Reise eingeladen. Ich habe Dir geschrieben, Du solltest auf jeden Fall nach Santiago kommen: tue es nicht, bis ich nicht wiederhergestellt bin. Schreibe mir alle Tage.

Denk daran, mein unvergeßliches Weibchen, daß ich immer bei Dir bin, im größten Fiasko, in allen guten oder bösen Stunden.

Es küßt und umarmt Dich Dein

Pablo

Echáurren, 320-330

31.

Erziehungsministerium
CHILE

Meine Kleine, ich werde bis Ende des Monats verreist sein, ab 15. August etwa. Ich bin jetzt spät angekommen, nervös wegen vielerlei Dingen, die mir passiert sind, ich kam um zwei Uhr nachts, es geht auf fünf, ich kann nicht schlafen, ich bin wie im Fieber, nervös, friere, ach, mir fehlt die Wärme Deiner Zärtlichkeit, die ich ein wenig vergessen habe; wüßte ich, daß ich Dich morgen küssen werde, ich würde ruhig einschlafen.

Stimmt es, daß meine Kleine, meine Netocha der B. Garín geschrieben und sie um Rat wegen ihrer Situation gebeten hat?[18] Stimmt es, daß sie noch nicht versteht, wie traurig es für mich sogar zu wissen ist, daß Du an diese Leute auch nur eine Zeile richtest? Manchmal glaube ich an Deine Intelligenz und

an Deine Treue, und so kommt es mir unmöglich vor, daß Du noch diese Beziehung unterhältst. Nein, das ist nicht möglich, oder es ist alles möglich, was ich vorher von Dir dachte.
Schreib mir, wenn Du mir Einzelheiten von der Prüfung gibst, per Einschreiben an Postfach 3323, weil meine Anschrift von Echáurren dieser Tage aufhört.
Ich küsse Dich mit meinem ganzen Herzen

Pablo

32.

Meine Albertina: Mich befremdet, mich verstört diese Atmosphäre der Abreise und des Durcheinanders, die uns in diesen letzten Stunden umgibt. Ich habe mir neulich, wo weiß ich nicht, Kräfte geholt, um Dir zu schreiben, und Du läßt Dich nicht einmal herab, mir zu antworten, trotz meiner großen Unruhe um Dein Leben.
Ich denke, wenn ich dieser Tage etwas Geld habe, fahre ich ganz rasch und ganz geheim nach Concepción, um mich von Dir zu verabschieden, scheint Dir das richtig? Es wird von meiner Situation der letzten Momente abhängen, ich glaube, daß ich in 14 Tagen schon nicht mehr hiersein werde.
Rubén hat mir den Kopf mit Intrigen aus Deinem Hause vollgestopft, und Du mit Deinem trockenen Herzen sagst mir nichts, nichts, wozu hast Du Mund und Hände, Weibchen, warum erzählst Du dem, der Dich am meisten liebt, nicht alles, vor allem, wenn Du damit mehr gewinnst als mit dieser unbegreiflichen Haltung?
Ich würde Dir vieles erzählen, ich werde Wege finden, es nicht zu tun, um Dich ein wenig zu bestrafen.

Der Deine

Echáurren 330

Pablo

33.
Dein schöner, fliederfarbener Brief verdient diese Tinte von der Farbe eines Wellensittichflügels. Um Dir gerecht zu werden, antworte ich jetzt, zur Tageszeit. Bei diesem so weißen Tageslicht fällt mir nichts ein, was meiner Arabella würdig wäre. Im übrigen möchte ich zu Dir in Küssen reden. So könnte ich Dir mein Bedürfnis nach Dir, meinen Durst nach Dir sagen. Diesen Wunsch, Dich an meiner Seite zu haben, in dieser Minute, oder wenn ich nachmittags durch das unrettbar trostlose Dorf gehe.
Studierst Du? Ich nichts. Ich ordne die Originale meines Buches ›Zwanzig Liebesgedichte und ein Lied der Verzweiflung‹. Darin ist vieles für meine so ferne Kleine.
Sprich mir von Deinem Leben im Dorf.
Denkst Du noch an mich, übles Weibsstück? Ich ja. Ich habe auch von Dir geträumt, wirre, trübe Träume. Manchmal, wenn ich gehe, fühle ich, als hätte ich etwas vergessen, daß mir etwas fehlt. Dieses Etwas bist Du. Du, Arabella, Lügnerin, süße und geliebte.
Einen ewigen Kuß von Deinem

Pablo

Schreibe noch heute

34.
Der erste Brief war Deiner, und ich beantworte ihn gleich. Auch Du weißt nicht, ob Du nach Santiago zurückkehrst. Das ist schlimm. Sag mir Bescheid. Ich kann mich nicht eingewöhnen ohne Dich. Wir werden sehen. Ich glaube, daß man in Concepción studieren kann. Dort würde ich mich wahrscheinlich mit Dir zurechtfinden, obgleich die Provinz für mich eine harte Nuß ist. Wenn wir dieses Jahr 1924 nicht gemeinsam verbringen, wird es schwierig sein, daß wir uns

nachher im langen Leben wiederbegegnen. Wenn es uns aber nicht gelingt, werden wir noch in diesem Jahr mit Rubén fortgehen. Schreib ihm und sag's ihm. Ich kann ohne Dich nicht mehr auskommen. Vielleicht erinnere ich mich an Dich süßer, besser, schöner als Du bist, aber Du fehlst mir, und zwar so sehr, Kleine, daß ich Dich fast geschaffen habe, unter Schmerzen, so wie Du mir am meisten gefällst.
Ich habe Dir aus dem Hafen eine Muschel mitgebracht, und empfange meine Liebe von immer.

Pablo

35.

Mein vielgeliebtes Rotznäschen, verzeih meine unverzeihliche Trägheit, seit Tagen schreibe ich Dir nicht, und Du schreibst mir kaum. Ich glaubte, die Situation würde sich dieser Tage entscheiden; aber nun will Rubén die Dinge dort selber ordnen, drum fährt er Montag, Dienstag oder Mittwoch nach Concepción, hübsches Kleinchen, wende all Deine Geschicklichkeit an, damit Du endgültig kommen kannst. Vermeide Du mit Deinem sanften Charakter, daß es zwischen Deinem Vater und Deinem Bruder zu Heftigkeiten kommt, zu Diskussionen oder dergleichen, Rubén soll sich beugen, sich fügen, Dein Vater soll machen, was er will. Siehe nur zu, daß Rubén Dich auf alle Fälle mitbringt. Es scheint, daß eine Stellung in der Gewerbeschule von Temuco ziemlich sicher ist, hoch wird Dein Gehalt nicht sein. Ich werde auch irgendeine bekommen.
Reklamiere eine eingeschriebene Zeitschrift, die ich Dir geschickt habe.
Ich schreibe Dir vom Mercurio aus, um drei Uhr morgens, ich bummle, wie seit Tagen, Du fehlst mir.
Du vermißt mich immer weniger. Man mißt mir meine Briefe

durch den Türspalt zu, und jeden Morgen vermisse ich den Deinen.
Hast Du Dich entschlossen zu kommen? Erzähl mir, was Du so erlebst, schreib mir längere Briefe, sag mir, ob Du was von der Vicha bekommen hast, welche Wirkung es getan hat, sprich zu mir, küß mich, liebe mich.

Dein Pablo

30. April

36.

Mein geliebtes Weibchen, ich habe Dir diese Woche nicht geschrieben, vielleicht weil ich nichts zu sagen hatte. Ich habe die Zeit in meinem Zimmer verbracht, lesend und rauchend, schlafend und singend, und mit tiefen Verneigungen ein neues Bild von Dir begrüßend, das ich ans Kopfende meines Bettes gehängt habe. Es ist die Vergrößerung desjenigen, das ich von dort mitgebracht habe, Du bist sehr schön darauf mit Deinem Halstuch und den lieben traurigen Augen. Rubén lädt mich immer wieder ein, aber was soll ich dort, wenn Du nicht hinkommst. Ich glaube aber, daß ich im Oktober oder November doch hinfahre, wenn meine verdammte Krankheit es zuläßt. Dann sehe ich Dich wieder, vielleicht wird diese Reise dann nicht so unselig wie die vergangene. Erzähl mir mehr von Deinem Leben, sprich mir anders von Deinen Dingen, wie ich Dir's gesagt habe, mit mehr Einzelheiten, erzähle mit mehr Ruhe. Ich habe bestimmt tausend Mal Deine Briefe von einer einzigen Seite gelesen, die nur den Empfang der meinigen bestätigen, die aus großer Ferne für eine Zeitschrift danken, die ich Dir geschickt habe, und nicht einmal die Verse voller Liebe erwähnen, die ich darin für Dich geschrieben habe, und das, meine kleine, meine süße gute Netocha, lenkt mein Herz von Dir ab, zu meinem großen Kummer.

Zu Hause, was geschieht bei Dir zu Hause? Bist Du nach Talcahuano gefahren? Sprich mir von der Machela, grüße sie von mir, was ist aus Teresa geworden, aus Adelina, aus Eduvina, Deiner Freundin, die Du mir vorgestellt hast, aus der anderen, die bei Dir ein paar Fotoabzüge bestellt hat, was aus der Direktorin Deines Gymnasiums und der Doktorin, und der Blanquita und Deinen Freunden Eugenio und Marciales und Tenor und Don Juan Rafo und Deinem Papa und dem Platz und dem Dummkopf von Núñez und ob Dir Deine Tabletten ausgegangen sind und ob Du willst, daß ich Dir neue schicke und ob Du eine andere Art entdeckt hast, wie eine Ärztin Dich untersuchen könnte, und ob Du denkst, daß Du mich auf andere Weise weitermögen oder die kleine Eselin bleiben willst, die Du bist.[19]

Dein Pablo

37. 7. März

Ich weiß nicht, was für Dinge man Dir erzählt hat: man erzählt so vieles von mir! Du mußt es mir schon sagen. Um zu sehen, ob sie stimmen. Wenn ich Dir sage: es ist wahr, glaub mir's. Wenn nicht, laß es gut sein und denk nicht daran. Ich habe eine so komplizierte Seele. Ich weiß nicht, ob ich liebe oder nicht liebe, ob ich vergesse oder ob ich anbete. Dich, ich mag machen, was ich will, mögen sie von mir sagen, was sie wollen, Dich liebe ich unverbrüchlich, und Du weißt es, Kleine. Und Du wirst mich genug lieben, um mir zu verzeihen, wenn ich es nötig habe. Richtig?
Sag mir jetzt, ob Du sicher bist, daß Du in dem widerwärtigen Concepción bleiben wirst, oder ob Du am 20. im Nachtzug auf meinem Schoß schlafen wirst. Ich glaube, ich bin durch meine Prüfung gefallen. Ich hab's nicht fertiggebracht zu studieren. Ich habe Lust, fortzugehen und in Santiago ein

Buch herauszugeben und weit weg von meiner Familie zu wohnen. Ich habe nicht daran gedacht, daß Du fern von mir bist, nicht, was zu tun wäre, um Abhilfe zu schaffen. Was denkst Du, Rotznäschen?
Vielleicht wäre es besser, Du zögest mit mir irgendwohin. Ah! Mexiko. Schreib mir. Sag Rubén, er soll uns Geld schicken.
Jetzt beginnt ein neuer Mond: er ist schmal und blankweiß. Du, siehst Du ihn? Erzähl mir was, und schreib mir mehr und liebenswürdiger. Der Deine

Pablo

38.

Albertina, um nicht die Gewohnheit zu verlieren, beginne ich einen neuen Brief. Du hast sicherlich Neuigkeiten. Ich bin furchtbar niedergeschlagen. Laune eines Toten den ganzen Tag, auch gestern schon. Ich habe wütend daran gedacht, mich umzubringen. Ob es die Mühe lohnt? Wird es nicht auch nutzlos sein? Hier war eine verdammte Hitze, die Erde, der Staub, alles ist lästig in diesem idiotischen Dorf.
Meine Schwester schleicht um mich herum und ist neugierig, was ich schreibe. Während sie Äpfel ißt, versucht sie, den Deckel der Puderdose aufzumachen, erzählt mir was von Raupen, daß sie keinen Wein mag. Jetzt ist sie fort.
Ich will sehen, ob ich dieser Tage etwas tun kann, um von hier wegzukommen. Avisiere Deinen Bruder, daß ich in Temuco bin, daß ich ihn erwarte, er soll telegrafieren, wenn er kommt.
Bist Du noch krank? Und Dein Examen? Seit vier Tagen habe ich keinen Brief von Dir. Sicherlich bist Du mit nützlichen Dingen beschäftigt.
Es küßt Dich Pablo

39.
Albertina, ich bereite meine Reise nach Santiago vor und weiß nichts von Dir. Ist etwas passiert? Ich habe Rubén geschrieben und ihm allerhand erzählt. Was hast Du ihm gesagt? Wann gehen wir? Überzeuge mich auf irgendeine Weise, daß Du mich noch magst. Denn es sieht so aus, als ob Dir sehr oft die Zeit fehlt, mir zu schreiben. Erklär es mir. Wenn Du dort bleibst, bevor ich von hier fortgehe, werde ich Dich besuchen. Willst Du? Ich habe Dir viel vorzuwerfen.
Es küßt Dir die Augen

Pablo

12. März

40.
Mein Rotznäschen mein, ich habe Dir vor drei Tagen diese Karte geschrieben und trage sie seitdem in der Tasche. Rubén hat auch an Etelvina geschrieben.[20] Ich werde dafür sorgen, daß Luz Olguín Dir schreibt und Dich ruft, Du kannst diesen Brief verwenden. Ich glaube, meine Netocha, Du solltest von Dir aus etwas tun, Deine Schwester gewinnen, was für Ratschläge hat sie Dir gegeben, ist sie wirklich so unbeugsam? Ich muß Dir sagen, daß Rubén vollkommen neurasthenisch ist, lästig, unerträglich; er ist mangels einer Anstellung völlig verbittert, legt sich mit allen an und besonders mit mir.
Ich schreibe nicht weiter, weil es so lästig ist, mit dem Bleistift zu schreiben. Noch immer habe ich kein Zimmer, ich bin verärgert über meine Lage, aber froh in der Gewißheit, Dich in einigen Tagen mit Küssen aufzuessen.

Dein Pablo

41.

Meine geliebte Albertina, es tut mir leid, daß ich Dir keine Geschichten mehr zu erzählen habe, ich bin in den letzten Tagen mit den Nerven herunter, elend, ohne Abenteuer. Das einzige, worauf ich gewartet habe, sind Deine Briefe. Sie kommen verspätet, nachlässig abgefaßt. Ick hawe mich auf den Berk hinaufgeschmissen, bin ebenso verdrossen zurückgekeert. Ich schreibe Dir mit Hortographiefeelern, um Dich zu amüsieren. Gestern abend habe ich Dir geschrieben, mein Briefchen muß mittlerweile angekommen sein.

Hör, hast Du zufällig etwas von mir mit dem Titel ›Es dämmert‹ ausgeschnitten, was ich im Mercurio veröffentlicht habe?[21]

Schmecken Dir die Birnen? Bisher habe ich mich noch zu keiner Reise entschlossen, nirgendwohin. Ich rühre mich morgens kaum aus dem Bett. Auch ich würde mich gern der Bienenzucht widmen. Damit will ich sagen: sag mir, worin besteht dieses Winterprogramm? Ich bitte Dich, lern nicht zuviel Keograffie, sonst bekommst Du wilde Zahnschmerzen.

Im Gegensatz zu dem, was Du glaubst: meine Gedanken können sich nicht von Dir trennen, meine Geliebte.

Pablo

42.

Wie stehen wir heute? Ich weiß nicht. Ich schreibe Dir in der Stunde Nummer 12, nachts, zurück vom Theater. Jetzt, Albertina, wirst Du im Bett liegen und schlafen. Ich hatte vor, Dir jeden Tag zu schreiben, aber gestern und vorgestern (17. und 18.) habe ich keine Briefe von Dir bekommen, und das hat meinen Enthusiasmus gedämpft. Trotzdem glaube ich, daß ich Dir einen langen Brief geschrieben habe, wann weiß ich

nicht. Da der Deine ohne Poststempel kam, wurde er nicht abgeholt. Gibst Du mir Nachricht von Dir? Hält die Sekretion an? Wie geht es Dir seelisch? Ich bin Deinetwegen unruhig und traurig. Ich glaube, es wird für uns alles gut ausgehen, ich möchte aber doch ruhig sein können, ruhig!
Was gibt es sonst Neues? Deine Freundschaft mit Winett[22] gefällt mir. Ich glaube, ich habe das Negativ des Bildes in Santiago. Hast Du Rubén einige Verse gegeben, die ich ihm versprochen habe? Wenn ich häufiger Nachrichten von Dir erhielte, würdest Du vielleicht längere Briefe bekommen.
Einen langen Kuß von Deinem

Pablo

43.

Häßliches Rotznäschen, auch diesen Brief habe ich nicht zur Post gebracht, ich schreibe Dir heute, Mittwoch, wieder und lege ihn bei. Ich ahne nicht, welche Märchen man Dir über mich erzählt hat. Du weißt, daß ich mich gern amüsiere. Du darfst nichts anderes in mir sehen, trotz der Bilder, der Briefe und so weiter. Mein Herz gehört Dir, mein kleiner Kakerlak, Faser für Faser, bis zu den Wurzeln. Was kann das übrige dich scheren?
Was für einen Plan hast Du, um nach Santiago zurückzukehren? Ich glaube, Du solltest folgendes tun: die Hoffnung nutzen, die Dein Vater in Dich setzt, ernsthaft mit ihm sprechen und ihm sagen, daß Du von April ab unwiderruflich studieren mußt, ihn für Dich gewinnen, erobern, schau, davon hängt der Teil des Glücks oder Unglücks ab, der uns diesen Winter beschieden ist, meine Geliebte. Antworte mir darauf, schreib mir in aller Ruhe, erwidere Blanquitas Grüße, denk, daß ich jeden Tag etwas von Dir wissen muß, geliebtes Hundetier

Pablo

44.

Es ist klar, daß wenn die Revolution zu Ende ist, wir beide nach Mexiko gehen, um uns frei lieben zu können, auch wenn wir in Armut leben. Meinst Du nicht, Rotznäschen? Oder bereust Du Deinen Brief an Rubén? Wir müssen unser Leben endlich einmal in Ordnung bringen.
Ich habe Dir kürzlich an drei aufeinanderfolgenden Tagen drei Briefe geschickt, einen von einem Bauernhof auf Briefpapier von Juana de Ibarbourou, einen zweiten zusammen mit einem Brief Rubéns an mich, und einen weiteren mit einem Brief an Dich von ihm und mir. Fraglos ist einer davon verlorengegangen.
Fast hätte ich einen dieser Tage eine Arbeit in Concepción bekommen. Wenn Du dort geblieben wärst, hätte ich ein paar Monate in dieser Stadt gewohnt.
Ich werde immer eine sichere Arbeit bei einem Freund aus Santiago haben, der augenblicklich dort ist.
Kannst Du es schaffen, mir diesen zu bestätigen. Dienstag fahre ich in den Hafen.
Träumst Du noch von mir?
Jedes Mal, wenn ich an Dich denke, tue ich es mit einer Zärtlichkeit, die ich früher nie empfunden habe, Albertina.
Vergeblich versuche ich, Dich nicht zu mögen: es ist etwas in meinem Herzen, das nie aus Deinen Händen weichen wird.
Es schlägt zwölf, Mitternacht auf der alten Uhr unseres Hauses.
Es ist die Stunde der Hexen, doch in dieser stillen Sommernacht gibt es keine Hexen als die Sterne.
Dort bei dem Bauernhof färbte der Rauch die Sterne, und Sirius, *unser* Stern, glühte rot wie eine Feuersbrunst.
Auch die Sonne und der Mond waren große Festleuchten am rauchbedeckten Himmel.

Hier im Dorf rauche ich jeden Nachmittag meine Pfeife am Fenster.
Ich denke nie an Dich. Pablo

Du bist schön und traurig auf diesem Bild. An wen dachtest Du dabei?

45.

Valparaíso, 6. Juni

Mein geliebtes Rotznäschen, ich erhalte soeben Dein Telegramm, auch einige Briefe von Rubén, in denen er mir sagt, daß Deine Schwester alles vereitelt hat. Ich weiß nicht, mein Kind, was hinter alldem steckt. Seit langem bekomme ich keine Briefe mehr von Dir, ich habe den Faden unserer Angelegenheit verloren. Albertina, was Du nicht für Dich selber tust, tut niemand, ich bin es müde. Ich glaubte, es sei nicht nutzlos, daß Rubén mit Dir zusammen handeln würde, es ist unglaublich, daß Du Dir diese Gelegenheit hast entgehen lassen. Du weißt, ich brauche nichts als daß Du Dich untersuchen läßt, andernfalls kannst Du Dich dort für den Rest Deines Lebens begraben lassen, selbst wenn Du gesund bist.
Ich kam nach Valparaíso, um mich nach Europa einzuschiffen, ich hatte die Hoffnung, Dich noch einmal zu sehen und mich von meinem Weibchen zu verabschieden. Hat das etwa nichts mit Dir zu tun, daß ich diese Hoffnung nicht mehr habe? Ich weiß noch nicht, wann ich fahre, die Reise mit der *Adriana*, die mich nach Deutschland bringen sollte, ist ins Wasser gefallen. Schreibst Du mir nach Valparaíso?
Empfange meine langen Küsse

Pablo

(R. Deformes (Neu-Chillán) 1014 Valparaíso)

46.

Mein häßliches Rotznäschen, gestern habe ich Deinen Brief gelesen und Rubén gebeten, Dir zu schreiben, ich habe bereits ernstlich mit ihm über Deine Reise gesprochen. Du kannst absolut sicher sein, daß Du fährst. Warum bist Du so bitter, mein Kleines? Glaubst Du, daß ich mich damit abfinde, Dich ein ganzes Jahr nicht zu sehen? Manchmal sind meine Gedanken und alles, was ich tue, so vollständig auf Dich eingestellt, daß ich glaube, Du seist mein eigenes Leben und nichts könne uns trennen. Wie oft habe ich Dir das gesagt, im Gespräch, beim Küssen, in Briefen. Begreif doch, wie schmerzlich schwer mir seit langem die Wahl fällt, ob ich Dich verlassen oder Dich für immer behalten soll.

Nachrichten: Ich werde nicht bis zum März nach Concepción gehen, um Dich nach Santiago mitzunehmen. Ich weiß nicht, wann Dein Bruder fahren wird, doch es fehlt nicht mehr viel. Du sollst tun, was er Dir in dem Brief sagt, Dir den guten Willen einiger Deiner Hausbewohner sichern. Hast Du meine letzten Briefe bekommen? Mal sehen, ob ich Dir durch den Affen Rubén Spielzeug schicken kann. Versäume *nicht einen Tag*, Helmitol zu nehmen. Fehlt Dir etwas? Willst Du mir sagen, warum Du manchmal so verzweifelt bist? Häßlicher Kakerlak, weißt Du nicht, daß ich hier an Dich denke ? Von morgens in der Frühe bis in die Nacht hinein, den ganzen Tag, die ganzen Tage, während ich esse, gehe, schlafe, bist Du bei mir und ich denke an Dich ohne Unterlaß. Es umarmt und küßt Dich

Dein Pablo

47.
Rotznäschen: Heute bin ich vom Land gekommen, ich schreibe Dir heute abend oder morgen. Lies diesen Brief von Rubén, und zerreiß ihn, wenn Du ihn gelesen hast. Hast Du gestern meinen Brief bekommen?

Bis morgen,
meine kleine Hübsche

48.
Albertina Rosa: Ich glaube, daß ich am Donnerstag für einige Tage nach Valparaíso fahren muß. Verzeih. Man soll dir diese Zeitschriften aushändigen, damit Du nicht traurig bist. Ich wäre froh, wenn Du mir am Donnerstag in den Hafen schriebst, Hauptpost, und mir etwas erzähltest. Es mag auch sein, daß ich nicht fahre, in diesem Fall sehe ich Dich am Donnerstag in der Sala Mercedes[23], auch wenn ich Dir nicht fehle.
Der Deine Pablo

Dienstag, auf der Post

49.
Meine Netocha,
sag mir, welch unmögliche Störung hat Dich gehindert, mir zu schreiben. Meine beiden letzten, eine Postkarte ohne Umschlag und ein eingeschriebener Brief sind unbeantwortet geblieben. Kleine Kanaille, was ist los mit Dir? Meine Tage werden immer angstvoller, nur das Denken an Dich rettet mich. Schreib mir, denn ich verzeihe Dir und küsse Dich

Der Deine, Dein
Pablo

28 schreib an Postfach 3323

50.

Mein geliebtes Rotznäschen. Ich wußte nicht, warum ich fröhlich war, ich hatte kein Geld bekommen, nichts Besonderes war mir während des Tages passiert, er verlief einfach, ich trug Deinen bereits gelesenen Brief in der Brieftasche, und die Fröhlichkeit ihn zu haben hielt an. Ich habe Dir keine Neuigkeiten zu erzählen, habe auch keine Freundin zum Spazierengehen, man hat mich auf ein Landgut eingeladen, ich habe für Februar zugesagt, ich weiß noch nicht, wann ich gehen werde. Ich weiß nicht, ob ich Dir erzählt habe, daß die Leute in diesem merkwürdigen Dorf auf Pfählen schlafen. Es scheint auch, daß die Mädchen dort eifarben sind.

Es entzückt mich, daß Dir, wie du sagst, Rokha nicht gefällt, auch mir ist er unsympathisch.[24] Mir gefallen auch die Dinge, die Du widerwillig erzählst, wenn Du mir so schriebest, würdest Du mich immer entzücken. Mit diesen Dingen, die Dir sonst fehlen, kommst du mir fraulicher, weiblicher vor, Du verstehst, was ich meine.

Am Montag kam Pino hier durch, der gute Yolando, und ich glaube, er nimmt diesen Samstag den Anschlußzug nach Argentinien. Kannst Du ihm ein Telegramm in unser beider Namen schicken, damit er sich nicht so verlassen fühlt? Paß auf, daß er es vor seiner Abreise erhält. Er hat mir Aufzeichnungen und Bücher mitgebracht, damit ich studiere. Rührt es Dich, Herz aus Stein?

Ich bin wahnsinnig eifersüchtig. Unmensch! Der dreibeinige Tisch sagt mir, daß Du Dir die nicht geringe Summe von drei Männern gewünscht hast. Einer von ihnen bin ich, und ich glaube einen zweiten Namen zu kennen, aber der dritte, *wer ist das*? Antworte! Ich habe auch gefragt, wann wir uns wiedersehen, es sind sieben Monate vergangen. Um einen solchen Teufelsspuk zu zerstören, werde ich Dich in den nächsten zwanzig Tagen sehen.

Morgen werde ich Dir von meinem Besuch in einem Zigeunerlager erzählen und andere wunderbare Geschichten, zum Beispiel von meinem Besuch in diesem Dorf, wo die Leute in großen Planwagen wohnen.

Vergiß nicht, meine Geliebte, geliebtes Rotznäschen, mir jeden Abend ein Plätzchen in Deinem Bettchen freizulassen, um zu sehen, ob ich Dich nicht über so viele Schmerzen hinwegtrösten kann. Alles ist möglich, und dicke Küsse von Deinem Pablo

51.

Ich habe vor sechs Tagen einen Brief von Dir bekommen, und heute, nach sechs Tagen, einen zweiten, mit 22 Wörtern, darunter einen Kuß, aus Versehen. Mein kleines Mädchen, das so voller Sorgen ist: ich mache Dir keine Vorwürfe. *Manque de tendresse, manque d'amour. Voilà tout, ma pauvre petite.* Und zwing Dich nicht, mir zu schreiben. Halte mich aber über Deine Krankheit auf dem laufenden.

Dieser Rückfall gibt mir zu denken.

Ich habe Dir nichts zu erzählen. Ich wollte Dir täglich schreiben: von jetzt ab kannst Du geduldig auf meine Briefe warten.

Einen Kuß, und vernichte diesen Brief, für den ich mich schäme.

15. September Pablo

52.

Albertina Rosa. Zurück von der kleinen Reise, auf der ich Dir schrieb, finde ich Deine zwei letzten Briefe vor, und der letzte, den ich Dir zurückschicke, damit du ihn liest, kommt mir vor wie ein Fremdkörper von Dir, und es betrübt mich, daß Du ihn geschrieben hast. Ich bin kein ganz erbärmlicher Mensch, mein geliebtes Weibchen, und verstehe sehr wohl Gut und Böse, all das Gute und all das Böse, das ich Dir angetan habe, aber ein großer Teil von dem Schaden, den Du von mir empfangen hast, habe ich Dir absichtlich zugefügt, um Dich nicht von mir zu trennen, damit ich es selbst nicht kann, damit Du mir lieber würdest. Ich habe viel gelitten, weil ich Dich liebe, mein Kleines, wohl begreifend, daß diese Liebe die dauerhafteste war. Ich glaubte, daß all das zwischen uns abgemacht sei, und daß Du Dich nicht mit Schwatzbasen einließest, wenn es nicht so ist, habe ich eine falsche Vorstellung von Dir.

Ich schreibe Dir auch nicht, um Dir zu sagen, daß ich Dich gerne mag, und wenn Dir das nicht fehlt, verzeih mir, meine Puppe. Ich glaubte, ich könnte Dich unterhalten, und ich habe es Dir auf mancherlei Weise gesagt, habe mich ein wenig mehr geopfert als Du denkst. Auf alle Fälle werde ich vermeiden, es Dir zu sagen, aber wundere Dich nicht allzusehr.

Es küßt Dich Dein Pablo

53.

Mein geliebtes Mädchen: Du verwunderst mich ein wenig. Briefe von Dir? Seit 14 Tagen habe ich keinen bekommen. Sie gehen nie verloren. Jeden Tag hole ich mir überall Briefe ab. Wie sollten dann nur die Deinen verlorengehen? Erinnerst Du Dich noch an die Daten? Du hast mir mit Deinem langen Stillschweigen große Sorgen bereitet. Und nicht zu wissen, wo du warst und ob Du nach Santiago gehen würdest. Nenn mir den Tag. Ich denke, am 23. Du sollst es bestimmen. Wirst Du Deine Prüfungen bestehen? Ich habe so gut wie nicht studiert. Tödliche Schlaffheit hat mich befallen, absoluter Nihilismus. Ich freue mich so sehr, daß wir ein neues Jahr unseres Lebens

zusammen verbringen. Du weißt nicht, Rotznäschen, wie sehr ich Dich mag. Du fehlst mir mehr als das Brot, als das Wasser. Was spielt es da für eine Rolle, was sie Dir sagen: ich kann Dir nicht alles erklären. Vielleicht brauche ich es Dir nicht einmal zu erklären, damit Du mich verstehst. Wenn Du mich weiter magst, wozu dann Erklärungen?
Schreib mir gleich, und empfange lange Küsse von Deinem

Pablo

17. März

54.

Mein geliebtes Rotznäschen: Schreib mir das feststehende Datum Deiner Abreise. Sonntag? Ach, wie nahe sind wir dem Tag! Hast Du meinen Brief erhalten? Ich habe Dir ein paar Fotos geschickt. Werden sie Dir gefallen? Was ist das für eine Besorgnis, von der Du sprichst? Ich muß es wissen. Ich habe Gewissensbisse, nicht studiert zu haben, und es fehlen nur noch wenige Tage bis zur Prüfung. Und Du? Nun siehst Du, was für ein Tagdieb ich bin. Stundenlang sitze ich am Fenster meines Zimmers und rauche. Rauche wie ein Verzweifelter. Das Leben der Kröte: nachts, die Sterne. In welchen Winkel von Concepción hat es Dich eigentlich verschlagen? Ich erinnere kaum mehr, wie es dort ist: habe dort nur ein paar Tage verbracht, allein wie ein Schiffbrüchiger.

Es küßt Dich

18. Pablo

55.

Mein geliebtes Kleines, verzeih also. Das einzige, was einen an den anderen zur Verzweiflung bringt, ist Trockenheit des Herzens. Stell Dir vor, daß ich sie in Dir entdecke, in Dir, die

Du Teil meiner selbst bist. Dann packt mich die Lust, Deinen Kopf gegen die Wand zu knallen. Und das nennst du Ungerechtigkeit oder Böswilligkeit. Nein, das ist es nicht, es ist Verzweiflung. Du bist meine letzte Hoffnung. Begreif doch, Deine Aufgabe ist, mir zu verzeihen. Alles muß vergolten sein von der wilden Liebe, die ich zu Dir empfinde. Ist's nicht so, übles Weibsstück? Ist es nicht so, daß auch Du etwas Schuld hast? Frosch, Schlange, Spinne. Ich werde Dir die Nase umdrehen.

Ich weiß nicht, ob ich nach Concepción gehe. Ich werde Dir schreiben, wenn ich es weiß. Rubén hat mir gesagt, Du wirst bis im Oktober in Santiago sein. Stimmt das?

Sag mir, wie's Dir geht. Wirst Du gesund sein, wenn ich Dich wiedersehe, in so wenigen Tagen? Was hast Du? Die Verletzung? Was für Arzneien nimmst Du, wer hat sie Dir verschrieben? Warum hast Du Juan nicht aufgesucht?

Gestern abend, nachdem ich nach Hause kam, habe ich Dir geschrieben, ich war ziemlich betrunken.

Ich habe den Brief nicht wieder öffnen wollen und habe ihn abgeschickt, ohne zu wissen, was darin steht. Erzähl es mir.

Ich werde Dir dieser Tage ein wunderbares Bild schicken. Versuch mir häufiger zu schreiben und – ist es zuviel verlangt? – länger. Wie gewohnt, häßliches Rotznäschen, empfang einen langen, langen Kuß von Deinem

Pablo

ich weiß schon nicht mehr
wie man unterzeichnet

56.

Es wundert mich, daß Du noch nicht einen neuen, wenige Tage alten Brief von mir erhalten hast. Natürlich gehen Briefe verloren. Hast Du dort vielleicht eine zuverlässigere Anschrift?

Du weißt nicht, Liebste, daß Deine Nachricht mich zur Verzweiflung gebracht hat. Wie ein Stein gegen die Stirn. Bin ich dazu verdammt, Dich leiden zu machen, Dich, meine angebetete Puppe?
Ich schreibe Dir nicht mehr, um Dich nicht trostlos zu machen. Ich erwarte von Dir jeden Tag einen Brief, und zunächst einen langen, freimütigen und schnellen.
Es umarmt Dich küßt Dich und beißt Dich Dein

Pablo

57.

Albertina Rosa
über die schlimmen Abenteuer, über alles Schlimme oder Unangenehme, das mir passiert, habe ich Vergessen verfügt, denn ich bin fähig zu vergessen. Nun bist Du an der Reihe: Du wirst für immer vergessen sein, verbannt aus meinem Herzen, auch wenn Dir das nicht viel bedeutet.
Urteilsspruch: weil Du eine schlechte Gefährtin gewesen bist, und weil ich mich schmerzlich getäuscht habe, indem ich an Deine Intelligenz und Deine Güte glaubte.
Das neue Jahr möge Dir Freude bringen, sofern Du sie jetzt nicht hast.

Pablo

58.

Albertina Rosa: Zehn Tage oder mehr ist Dein letzter Brief alt. Was ist geschehen? Was ist Dir geschehen? Ich habe Dir vom Land geschrieben, von wo ich vor Tagen zurückkehrte. Warum schweigst Du dermaßen hartnäckig? Sprich. Hier in Temuco versuche ich zu studieren; morgen werde ich früh aufstehen. Habe ich Dir erzählt, daß ich im Gebirge einen schwarzen Adler erlegt habe? Dieser Tage schicke ich Dir ein paar herrliche Aufnahmen.

Pablo

5. März

59.

Mein liebes Rotznäschen, Dein winziger Brief hat mich zur Verzweiflung gebracht. Reklamiere gleich heute meine Briefe an Albertina Neruda, mit diesem zusammen werde ich morgen einen neuen aufgeben. Bist Du zufriedener? Ich gedenke Dich im März zu holen, und Du wirst mit mir kommen, verwöhnter Wurm.

Dein Pablo

60.

CLARIDAD
Postfach 3323
Santiago

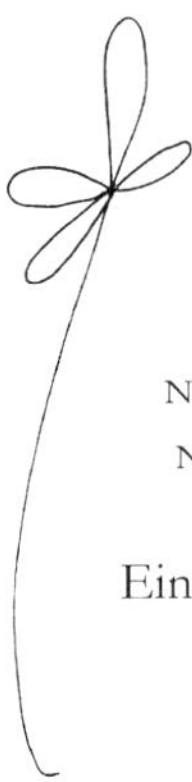

NETOCHA
NERUDA

Einschreiben

Valparaíso, 12. März

Ich habe mich plötzlich an Dich erinnert, als ich ein Buch von Giraudoux las, in dem ein Spital vorkommt, ähnlich dem, wo Du warst, sowie eine Kranke und ihr Freund.[25] Es ist früh am

Abend, ich bin krank, habe Fieber und Schmerzen, glaube aber nicht, daß es etwas Ernstliches ist. Du wirst meinen letzten Brief erhalten haben, wirst wissen, daß ich hier angekommen bin, um an Bord zu gehen und sehr enttäuscht war, daß Du nicht gekommen bist. Es überrascht mich, daß Du mir keinen Brief geschrieben hast, ich dachte, Du würdest mir etwas von Deinem Herzen geben, jetzt wo ich Gefahr laufe, Dich zu vergessen.

Alle halten meine Reise für eine beschlossene Sache. Und so ist es auch. Dementsprechend werde ich morgen die Antwort einer Gesellschaft bekommen, deren Schiff am 22. ausläuft, die *Adriana*. Wenn Du kannst, besorg Dir Geld und versetze etwas, komm nach Santiago und sag mir Bescheid, ich möchte Dich sehen, bevor ich fahre, denn ich habe Dir vieles, was Du nicht weißt, ins Ohr zu sagen, und das wirst Du nur jetzt und sonst nie mehr, nie mehr aus meinem Mund hören.

Ich bin alles so leid, ich glaube, ich werde bei der ersten Gelegenheit sterben.

Vergiß nicht, meine alte Geliebte, mir ein Telegramm nach Valparaíso zu schicken. Sofern Du diesen Entschluß faßt, der Deiner würdig ist und würdig auch dessen, der Dich erwartet,

Pablo

Chillán Nuevo 1014

61.

Geliebtes Rotznäschen: Sonntag gehe ich nach Temuco. Was haben sie Dir über mich gesagt, meine hübsche Kleine. Ich weiß nicht. Hier haben wir gestern einen rosenroten Tintenfisch an Land gezogen. Ich schicke Dir ein paar Aufnahmen. Hast Du für meine Seele gebetet?

Ach, ich bin erledigt. Wann stehst Du auf? Heute nachmittag werde ich Deinen Namen in den Sand schreiben:

ALBERTINA

19. 11.

62.

DER MORGEN

Temuco

Mein geliebtes Rotznäschen, da ich nichts Außergewöhnliches erlebe, schreibe ich Dir auch kaum. Heute oder gestern habe ich zwei Briefe aufgegeben, die ich aufbewahrt hatte, 1) weil Rubén dabei ist, abzufahren, 2) weil sie Dir Unannehmlichkeiten bereiten könnten, wenn sie Dir ins Haus geschickt würden. Bitte denk Dir für den Briefverkehr eine Lösung aus, mein Rotznäschen, damit Dir nicht plötzlich ein Schaden entsteht. Es hat zwei Tage nacheinander geregnet, ich bin zu Hause geblieben, und in einer Nacht, in Dein Andenken verliebt (wie immer), habe ich zwei Seiten für Dich dicht gedrängt beschrieben.

Sei sicher, meine häßliche Kleine, daß ich nach Concepción komme, aber sag mir zuerst, daß Du mit Deiner Wohnung etwas gewonnen hast. Schau, wozu sollte ich sonst kommen? Ich möchte mich nicht einmischen, und ich traue Rubén nicht allzusehr. Ich bitte dich, laß diese häuslichen Angelegenheiten beiseite, bitte betrübe mich nicht noch mehr. Du schreibst müde und selten und machst mich traurig. Wenn Rubén diesen mitnimmt, will ich sehen, ob ich Dir ein paar Zeitschriften und Bonbons schicken kann.

Schreib mir länger, warum so kurz, so trocken?

63.

DER MORGEN

Temuco

Mein Rotznäschen, ich bin blind seit heute um zehn. Dein Kanakenbruder wird Dir mein Unglück erzählen. Ich schreibe Dir im Bett und beneide ihn währenddessen: er wird Dich bald sehen, meine Geliebte, welch andere Freude wünschte ich mir in diesem Augenblick. Er nimmt zwei Briefe von mir mit, außer diesem...

Dein Pablo

64.

DER MORGEN

Temuco

Mein Rotznäschen, liebster Wurm meiner Seele, Spinnchen, Spielzeug, Herzchen, Arena, Arabella, Bitterkraut, Biene, Mohn, Muschel, Rosa Albertina, häßliches Rotznäschen, warum zankst Du mit mir, wenn ich Dir nicht geschrieben habe, so weil Rubén, Dein Affenbruder, mir jeden Tag erzählt, daß er fährt, und nie fährt dieser Fledermauserich, durch ihn schicke ich Dir mein Bild, ich habe eine Jockeymütze auf, um Dich zu überbieten, während Du nur einen Sonnenschirm aufhattest, warum regst Du Dich auf, Rotznäschen meiner Seele, weißt Du nicht, daß auch wenn ich Dir nicht schreibe, ich immer an Dich denke, ich habe Dir durch Rubén geschrieben, nun weiß ich nicht, was ich Dir sagen soll, Du schreibst mir Briefe, mickrig wie Mücken, und Dein Gekritzel darauf macht sie noch mickriger.

Arm bin ich, arm bis in den Tod, ich hatte es so sehr gewünscht, Dir etwas zu schicken, damit Du Unterhaltung hast, schließlich wirst Du mich sehen und jemand haben, mit dem Du zanken kannst, es küßt Dich küßt Dich Dein Pablo

65. DER MORGEN

Temuco

Mein Rotznäschen, ich habe Dir so viele Tage nicht geschrieben, weil Rubén den Brief mitnehmen wollte. Er hat sich hier gelangweilt wie ein Baby. Er hat sich noch immer nicht daran gewöhnt, daß er ein Pechvogel ist. Ich muß von Dir wissen, an welchen Namen ich schreiben soll, auch das hat mich dieser Tage vom Schreiben abgehalten. Ich habe Dein kleines Bild bekommen, sag mir, ob Dir meines, das ich Dir schicke, gefällt. Ich weiß noch nicht, an welchen Stunden ich Dich sehen kann, wann wirst Du mir mit Sicherheit sagen können, daß Du nach Santiago gehst? Ich studiere immer noch nicht, gebe zwei Schülern Unterricht, zwei lange qualvolle Stunden am Tag. Du weißt nicht, wie glücklich mich Dein längerer Brief von neulich gemacht hat, Du hast Dich so verhalten, wie ich es mir von Dir gewünscht hatte. Laß keinen Tag das Helmitol aus. Verzeih, daß ich Dir durch Rubén nichts geschickt habe, nicht mal ein Armband, an alldem ist meine Armut schuld. Der Deine Dein Pablo

66. DER MORGEN

Temuco

Mein liebes Kleines: soeben erhalte ich Deinen Brief. Hier regnet es den ganzen Tag, und den ganzen Tag sitze ich am Feuer und versuche vergeblich, eine Chronik für den Mercurio zu schreiben. Rubén war heute morgen hier, da er nicht gekommen ist, vermute ich, daß er nach Concepción gefahren ist. Ja, ich war in Puerto, ich weiß nicht, ob ich es Dir im vorigen Brief geschrieben habe, den ich mit diesem schicke. Ich bitte Dich, Rotznäschen, daß Du mir stets Einzelheiten schreibst, wenn Du etwas hast. Was nützt es Dich, wenn Du mir sagst: ich fühle mich schlecht, und so weiter. Erzähle mir lieber in allen Einzelheiten Deine Beinschmerzen. Ich habe Heilmittel für sie, aber es sind intramuskuläre und intravenöse Injektionen. Könntest Du sie Dir selber geben? Sag, erklär's mir, damit ich Dir das Notwendige schicke. Ja, Du gefällst mir auf dem letzten Foto, wunderbar der Sonnenschirm über Deinem zauberhaften Gesicht, und das Bein, ich kenne es kaum mehr, es ist stärker geworden und verlockt mich unwiderstehlich. Rubén hat Dir kürzlich gesagt, Du sollst nicht zu Winet gehen. Ich bin derselben Meinung. Wir sprechen noch darüber. Doch möchte ich nicht, daß Du zuviel allein bist. Aber ebensowenig wünsche ich, daß Du mit denen, die Deiner unwürdig sind, Deine Zeit vergeudest. Dringende Empfehlung: Du brauchst unbedingte Ruhe. Darin mußt Du mir gehorchen. Keine Arbeit, aber auch kein Herumstehen, selbst wenn Deine Großmutter den Eintopf für Señora Amanda und Deine Leute kochen muß. Vor drei Tagen ist meine Pfeife zerbrochen, weißt Du noch, wie hübsch sie war?

Küsse, Küsse

17. Februar — Paul

67. — DER MORGEN

Temuco

Quäl Dich nicht, geliebtes Rotznäschen, wenn Du nicht jeden Tag Nachricht von mir bekommst, es ist nichts passiert, absolut nichts. Ich warte auf die Post, die mir Deine Briefe bringt, und das ist mein einziges Tagesereignis, mein einziges Abenteuer. Ich werde immer unruhiger wegen Deiner Reise, halte mich auf dem laufenden und arbeite jeden Tag ein wenig, damit das Wunder geschehen kann.

Es küßt lange Dein geliebtes Schnäuzchen Dein

28. Februar — Pablo

68.

DER MORGEN

Temuco

Ich schreibe Dir, mein Rotznäschen, nachdem ich meine Bücher, meine Papiere und meine Krawatten für die Reise in einen Sack verpackt habe. Ich werde ganz bestimmt am Dienstag um drei Uhr fahren, möglicherweise kommt dieser Brief nach mir an. Nie habe ich mich so glücklich gefühlt wie heute nach Deinem letzten Brief. Du bist, wie ich mir Dich wünsche. Ist es möglich, daß Du mich liebst, nach alldem? Ich küsse Deine geliebte Stirn mit meinem Mund, der unwürdig ist, Dich zu küssen.

Wir wollen über all das sprechen. Auf die eine oder andere Weise werden wir dieses Jahr zusammen sein. Mal sehen, ob ich Dir etwas mitbringen kann, auch wenn es nur ein Blumenstrauß ist. Bis Dienstag denn, oder bis Mittwoch

Pablo

69.

DER MORGEN

Temuco

Mein Rotznäschen, ich schreibe Dir,
weil ich krank bin. Ohne Lust zum geringsten,
heute habe ich Deinen Brief bekommen,
schreib mir mehr
es umarmt Dich küßt Dich

Dein Pablo

70.

Temuco, 25. Januar

Ich finde Dich hübsch und gesund auf dem Foto, das ich heute erhalten habe. Mach Dir nicht die Mühe, krank wie Du bist, mir jeden Tag zu schreiben. Ja, behalte die wichtigen Dinge nicht für Dich. Die Sache mit dem Arzt hat mich sehr interessiert. Ich bitte Dich demütig kniend um Verzeihung und küsse Dir die Füße und jedes Zehchen. Ja, ich werde es Dir erklären. Ich habe fast immer den Wunsch, Dir zu schreiben, wenn ich dann keinen Brief von Dir bekomme, bringt mich jede Beschwerde aus dem Konzept. Es ist, als dächtest Du an etwas anderes, während ich mit Dir rede, oder als spräche ich mit Dir durch eine Wand hindurch oder hörte nicht Deine Stimme. Da ich eitel bin, bin ich für all dies sehr empfindlich.

Ich habe hier auf Rubén seit Freitag gewartet, weißt Du, ob er kommt? Tomás wartet auf ihn, um in sein Dorf zurückkehren zu können. Sag dem Affen, daß er mir schreibt.

Wenn ich in Concepción ein Zimmer mieten und möblieren könnte, würde ich sofort kommen. Ich leide jeden Morgen im Gedanken daran, Dich im Lauf des Tags nicht sehen zu können.

Ich habe eine Einladung erhalten, den Sommer auf einem Landgut in Ranquilco[26] zu verbringen. Meinen geographischen Nachforschungen zufolge wohnen die Leute in diesem fantastischen Dorf in Erdlöchern wie die Maulwürfe. Die ältesten Familien haben eine Art Rüssel entwickelt. Ich werde mich in kein Mädchen verlieben können.

Wohnt Rubén in Deinem Haus? Vermietet er keine Zimmer?

Du hast mir von einem Plan gesprochen, den Du hättest. Es ist sicherlich etwas ganz Besonderes. Geliebtes Rotznäschen, empfang meine Küsse auf den Mund und alle kleinen Winkel.

Dein Pablo

71.

6. oder 7. September, Temuco

Verzeih mir doch diese plötzliche Abreise, ich werde Dir andere Dinge verzeihen.

Vernachlässige Dich bitte nicht, mein Kleinchen. Es geht um Dein Leben, das heißt, um das meine. Warum diese Kälte gegen alles, sogar gegen Dich selbst? Sag mir, ob der Poet Rubén schon angekommen ist. Ich wünsche mit ihm zu sprechen: am 15. oder 20. werde ich nach Concepción fahren, wenn Ihr zu dieser Zeit mit ihm gingt, wäre das fabelhaft. Wenn Du mit Deinem Bruder schon gesprochen hast, gib mir eine Anschrift, damit ich ihm schreiben kann. Es gefällt mir noch immer nicht, daß Du im Süden bleibst. Da Du mir wahnsinnig fehlst, und da ich glaube, daß dieses Abenteuer ohne ärztliche Betreuung verhängnisvoll ausgehen kann. Rotznäschen, geliebtes, auch ich langweile mich hier und verzweifle sogar. Daß wir im Streit auseinandergegangen sind, hat mir sehr genützt: ich habe Dich nicht vermißt, aber alles endet einmal: ich brauche Dich jeden Tag.

Tu Du Dein mögliches. Wenn es ums Geld geht, so habe ich welches, um Deine Pension zu bezahlen (meine Mitarbeit bei El Mercurio), und Rubén könnte das übrige übernehmen.

Hat man Dir *Jean Christophe* mitgebracht? Wenn Du Zeit zum Lesen hast (!), sag mir, wie es Dir gefällt und sprich mir von allem mit Deinem lieben Mund

Freue Dich und umarme mich,

Dein Pablo

Schön, es würde mich viel kosten, Dir jeden Tag zu schreiben, ich werde es versuchen; auch von Dir erwarte ich mit jeder Post einen Brief.

Mach Dir wegen meiner hiesigen Zerstreuungen keine Sorgen, mein Kleinchen, sie gehen zu Ende, hier und sonstwo.

72.

Temuco, Montag 5.

Meine liebe Kleine, da ich weiß, daß Du einige Tage zu Hause sein wirst, ohne Dich zu rühren, denke ich daran, Dir einige lange Briefe zu schreiben, obwohl ich nicht weiß, was ich sagen soll.

Ich bin – glaube mir – tief beunruhigt wegen Deiner Krankheit, bis zur Verzweiflung.

Wir fabrizieren für unsere Liebe miteinander ein hübsches Halsband von Verhängnissen. Wenn die Liebe nicht existierte, würde das Halsband genügen, einen von uns beiden aufzuhängen. Sobald ich hierherkomme, verliere ich den Zeitbegriff, zunächst einmal kann ich mich nicht mehr erinnern, wann ich ankam. Ich bin oben in meinem Zimmer geblieben und nicht zum Essen hinuntergegangen. Damit habe ich bei meiner Familie den Ruf eines Wilden niederen Charakters erworben, den ich vielleicht gar nicht verdiene.

Man vergleicht mich hier mit einer Cousine namens Carlotta, einer erztrockenen jungen Witwe, die allein lebt und sich mit niemandem einläßt. In Wirklichkeit brauche ich dieses Dorf nur zu betreten, und schon befällt mich unwiderstehliche Bitterkeit und Langeweile. Du wirst diese Veränderung meines Charakters merken, wenn ich Dir von hier aus ganz verzweifelt schreibe und Du mich dann fröhlicher wiedersiehst, als Du vermutet hattest.

Ich schreibe Dir noch dieses Blatt. Sprich mir von Deiner Krankheit: der Arzt? Ist meine Kleine etwa vom Arzt aufgegeben? Laß Dich nicht unterkriegen. Iß, lach, geh spazieren. Hast Du einen Freund? Ach, das ist vollkommen unerläßlich. Sieh mich an, ohne Freundin, hager wie ein Stör! Liest Du? Soll ich Dir Bücher schicken, Käfer?

Gestern sah ich auf dem Land einen herrlichen Regenbogen. Bald werde ich in ein benachbartes Dorf fahren und ein Buch ins reine schreiben. Studierst Du? Studiere. Vergiß es nicht. Schreib mir noch heute. Vergiß es nicht. Im übrigen empfang einen langen langen Kuß von

Pablo

73.

Mein Rotznäschen, ich habe beschlossen, im März Prüfungen zu machen, weil die Fakultät von diesem Jahr an eine weitere Prüfung abhalten wird und mich entlarven könnte. Ich habe ein paar Schmöker bei mir, die Pino mir gebracht hat, da ich in Wirtschaftspolitik kein Sachverständiger bin, fehlen sie mir. Ich werde von Mitte Februar an studieren. Ich vertraue darauf, daß Du nach Santiago gehst, wenn es nicht so wäre, würde ich aus lauter Kummer alles vergessen.

Ich bin ein paar Mal in Zigeunerlagern gewesen. Zwei Zigeunerinnen haben mir aus der Hand gelesen. Eine lange Reise und Glück dazu. Eine Frau, Du, ohne Zweifel. Sie hat mir ein Amulett geschenkt, damit ich es, auf der rechten Seite verborgen, trage. Es ist eine gelbe Wurzel, von der ich mich in meinem Hundeleben nie mehr trennen werde, weil gestern eine Postanweisung kam, auf die ich vergeblich endlos gewartet hatte. Das *m* zu schreiben fällt mir schwer; ich weiß gar nicht mehr, wieviel Füßchen es hat.

Hoffentlich kommt Rubén, Tomás fährt schon heute oder morgen.

Was treibst Du? Du sprichst so vage, Schmeichelwurm, daß Du mir einzig und allein mit zwei Dingen beschäftigt scheinst: mit Kopfschmerzen und An-mich-Denken. Du ißt nicht, gehst nicht aus, unterhältst Dich nicht, streitest nicht, liest nicht, wirst davon kein bißchen gescheiter, bist nicht ins Kino gegangen, gehst nicht zur Post, rauchst nicht, hast kein interessantes junges Mädchen kennengelernt, Dein Motorrad-

freund hat Dir nicht geschrieben, man hat Dir keinen Klatsch über mich erzählt, Du hast keine Zeitungen gelesen, hast keine Besuche gemacht, ist das menschenmöglich? Geheimnisvolles Mädchen.
Jedenfalls küßt Dir Pfötchen und Mund Dein

Pablo

Folgen einige Momentaufnahmen meines Zimmers

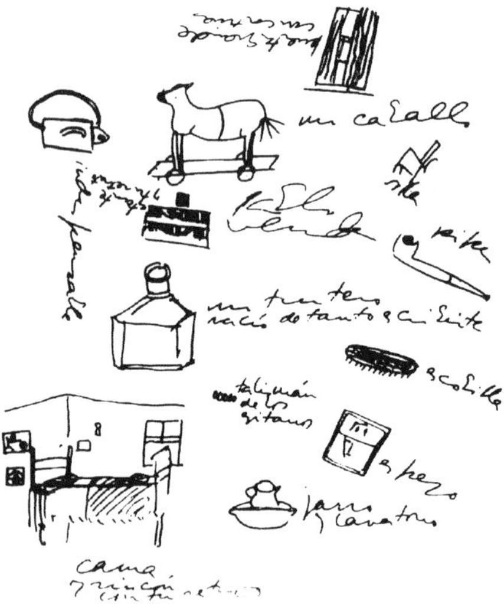

74.
Ich muß eine verteufelt zittrige Schrift haben: drei Stunden Rudern, nachts, bei diesem wunderbaren Vollmond und dem windstillen Fluß. Trotz der Müdigkeit und der nassen Wäsche denke ich an Dich, weiß aber nicht, was ich Dir sagen soll. Ich erzähle dir etwas, und es ist Dir lästig, und Du findest immer eine Entschuldigung, mir nie zu schreiben.
Hier, an nebelfreien Tagen kann man die Isla de la Mocha

sehen: liegt sie vor Deiner Küste? Da ich in Geographie schwach bin, frage ich Dich.[27] Hier strecken schwarze Seehunde die Köpfe aus dem Fluß und nostalgische Delphine. Es gibt auch drei Molen, lang wie Störleichen (Was ist das für ein Vogel?). Ich werde Dir ein Gedicht schicken, in dem ich an Dich denke, dazu einen Kuß, und noch etwas in der Flut dieser Nacht.

Pablo

18. Februar

75.

Erziehungsministerium
CHILE

Brief 1
Rotznäschen, geliebtes, stell Dir vor, erst heute, Sonntag, habe ich Deine drei letzten Briefe erhalten, ich war unruhig, Du könntest den Einschreibbeleg nicht mehr haben. Ich habe Tag für Tag an meine gute kleine Netocha gedacht, ich hab ihr auch geschrieben, habe ihr ein *Billiken* mit ein paar Papageien geschickt.[28]
Ich habe noch keine Wohnung. Morgen beginnen die Prüfungen, ich werde mich nicht melden. Das wird Dir mißfallen, auch meine Schrift mißfällt Dir, aber ich schreibe liegend, es ist nach Mitternacht, und es schreibt sich schlecht so.
Dein Bruder hat noch keinen Unterschlupf gefunden, er hat mehr Pech als ein falscher Peso. Und obschon er sieht, wie verzweifelt ich darum ringe, Dich hierherzuholen, ist er gleichwohl unentschlossen. Schreib Du ihm dieser Tage einen einzigen Brief und sag ihm, daß Du nicht gewillt bist, zu bleiben. Er ist willenskrank und allzu schüchtern, er glaubt, daß Du wegen des Durcheinanders zu Hause leidest, ich weiß nicht, ob das stimmt, aber wenn Du nicht Ende April

nach Santiago kommst, verlasse ich Chile, und alles ist zu Ende.
Erzähl mir Punkt für Punkt, was Dir alles passiert und denke daran, daß nichts wahrer ist als die Liebe und die Küsse Deines

Paul

76.

Montag. Brief 2

Mein Rotznäschen, ich habe Dir geschrieben, reklamiere einen Brief, gerichtet an Netocha, nur an diesen herrlichen Namen werde ich fortan schreiben. Da ist auch ein Buch und eine Zeitschrift auf den Namen Albertina Azócar, eingeschrieben, fordere beides nachdrücklich bei der Post an.

77.

Erziehungsministerium
CHILE

Neulich abend habe ich für Dich einen Holzhund gekauft, der sehr hübsch war. Wenn Du wüßtest, geliebtes Weibchen, wie wahnsinnig ich mir wünsche, Dich bei mir zu haben, Dich in den Armen zu halten, mit Umarmungen, die länger dauern als diese drei Monate, Dich mit Küssen aufzufressen, gewaltiger als diese Ferne. Denk an mich, meine schöne Netocha, und vergiß nicht, daß Du in meinem Herzen ruhst. Dein

Pablo

78.

Erziehungsministerium
CHILE

Küsse und Liebkosungen. Mißtraue mir nicht, warum fandest Du mich zu liebevoll? Rubén streitet mit mir so ziemlich jeden

Tag. Ich habe im Zentrum einen hübschen Kakerlak gesehen und werde ihn Dir kaufen, sobald ich arbeite und Geld habe. Hat Dir Dein Freund vom Motorrad und anderen Motoren geschrieben? Wieviel mehr möchte ich meinem hübschen Rotznäschen sagen, reklamiere einen weiteren, an Netocha adressierten Brief und hole Dir bei der Post die langen langen Küsse ab, die ich Dir mitunter zu senden vergesse, häßlichhübsches Rotznäschen meiner Seele

Dein

Pablo

79.

REPUBLIK CHILE

Erziehungsministerium

Seit gestern ist mein Koffer für die Reise in den Süden gepackt. Diese Woche wird sie losgehen. Rubén sagt mir, daß Du ihm nicht geschrieben hast. All das gibt mir zu denken. Vielleicht?

Mein letztes Buch ist erschienen. Morgen werde ich es für Dich einpacken, bin gespannt, ob es ankommt. Was hast Du all die Zeit getrieben? Ich habe so viele Geschichten erlebt! All das hat mich ermüdet, ich brenne darauf, in Dir auszuruhen. Es ist die Ungeduld, die Mutlosigkeit, die Du mir verursachst. Ich habe Dich, als existiertest Du nicht. Dabei bist du ein Rettungsanker, der einzige in meinem Leben. Wahrhaft, manchmal wäre es mir recht, wenn Du stürbest.

Aber Du bist dicker geworden, hast Du mir erzählt. Ich dagegen bin eher magerer geworden.

Berta, Paschíns Frau, fragt immer nach Dir. Hat Dir die Luz, die Vicha geschrieben? Hast Du an meine Schwester geschrieben? Hast Du Urachela gesehen? Wie geht es Deinen Angehörigen? Warum fährst Du nicht in den Süden?

Mal sehen, ob Du unter so vielen Fragen etwas Lustiges findest, was Du mir erzählen kannst.

Der Deine

Pablo

9. Februar

Schreib mir nach Santiago, Amunágegui 733

80. Erziehungsministerium

CHILE

Mein Rotznäschen, ich bin zum ersten Mal allein in dem Haus, in dem ich seit meiner Ankunft wohne, ich schreibe Dir begierig, als täte ich etwas Verbotenes, wonach mich brennend verlangt. Gestern sagte ich Dir in meinem Brief: nichts Neues, heute sage ich das gleiche. Ich habe den Brief gelesen, den Du an Deinen Bruder geschrieben hast, ich habe mich riesig gefreut wie immer, wenn Du mich ganz verstehst. Du bist meine Lieblingsschnecke, und die Küsse, die ich übrighabe, sind zuwenig für Deinen geliebten Mund.

81.

Rotznäschen. Ich habe Dir jeden Tag geschrieben, mangels Briefmarken habe ich die Briefe, die Du längst haben müßtest, nicht abgeschickt. In Wahrheit steht meine Reise noch nicht fest, insbesondere nach der verhängnisvollen Rundreise von diesem de Rokha und Rubén, die als letzte Rettung ihre Gamaschen verpfändet haben. Ich studiere noch immer nicht, auch fehlt mir Material, Aufzeichnungen und so weiter. Ich möchte Prüfungen machen und gut abschneiden, trotz der unvermeidlichen traurigen Folgen: zu arbeiten und zu altern.

Eines kommenden Morgens werde ich anfangen zu studieren. Ich muß Dir erzählen, daß Paschín in Santiago angekommen ist. Außer anderen Kalamitäten trägt er ein Gummiohr, ist schlapp und bandwurmkrank. Wenn ich nicht nach Concepción gehe, hoffe ich, Du denkst daran, baldigst nach Santiago zu kommen, am 15. März fahre ich. Ich habe Rubén überredet, daß er an diesem Tag mit der Pepa fortfährt.
Heute, am 6. Februar, regnet es hier trostlos. Ich schreibe Dir spät abends, ich friere und habe Schlaf, will mich niederlegen. Vergiß nicht, dem Jungen mit dem Motorrad zu schreiben, und so fort.

Es küßt Dir den lieben Mund Dein

Pablo

Temuco, 6. Februar

82. DER MORGEN

Temuco

Geliebtes Rotznäschen, gestern habe ich einen ziemlich wirren Brief von Rubén beantwortet, jetzt, da ich Dir antworte, glaube ich etwas beschlossen zu haben. Ich glaube, daß wir drei fahren müssen, ohne zu zögern, sobald ich dort ankomme. Nur Du weißt, warum es keinen anderen Weg gibt. Was werden wir dann tun? Ein wenig arbeiten. Es wird nicht schwerfallen, auf die Beine zu kommen. Mit Ruhe geht alles. Bist Du entschlossen? Dann sprich auch entschlossen mit Rubén, damit er sich umbringt, Geld zu beschaffen.
Ich werde Deine Fahrkarte mitbringen. Sobald ich da bin, sprechen wir. Ich hoffe Montag in Concepción zu sein. Antworte mir sofort, und wenn Du Dich entschlossen hast, mach Dich resolut ans Werk.

Der Deine Dein *Pablo*

83.

Temuco

Rotznäschen meiner Seele, sag Rubén, daß er die traurigste Heldentat vollbringt, wenn er geht, bevor ich nach dort komme. Ich habe ihm soeben ein Telegramm in diesem Sinne geschickt, bedenke doch, was soll ich dort, wenn der Affe sich nicht nach mir richtet. Ich bin noch krank, es ist eine jener wüsten Erkältungen, die mich dann und wann heimsuchen. Der Kopf tut mir weh, der Leib, ich bin taub auf dem rechten Ohr, kurz: eine Kalamität.

Sei wegen Deiner Reise nicht verzweifelt, ich würde mich eher umbringen als zulassen, daß Du bleibst. Denk nicht einen Augenblick, daß Du bleiben könntest. Wenn Dir's recht ist, wie ich in meinem Brief von gestern abend sagte, gehst Du mit uns, besteht aber eine andere Sicherheit, so ist sie vorzuziehen. Nein, sag mir nicht, daß Du Dich sehnst mich zu sehen, was ich habe ist Ungeduld, Fieber, ich bin erkältet, weil ich Dich nicht sehe. Meine Seele, geliebtes Rotznäschen, nichts hat Sinn für mich, wenn Du nicht da bist. Nichts wird schmerzlicher für mich sein, als die paar Stunden meines Dortseins Dich bei mir zu haben und gleich wieder verlassen zu müssen und dabei trotz allem die Ungewißheit zu spüren. Drum fühle ich die unbedingte Notwendigkeit, mit Dir zu reden, wir dürfen nicht zulassen, daß die Dinge sich von selbst erledigen. Dies ist mein letzter Brief von hier, ich glaube, ich kann Montag fortgehen, da ich aber nicht in schlechter Verfassung fahren möchte, kann ich meine Reise verschieben, im höchsten Fall einen oder zwei Tage. Hindere das Lama daran, daß er vorher fährt. Wenn Du gleich schreibst, erreichst Du mich noch. Es küßt Dich ganz, von den Füßen bis zu den Augen, der Deine

Pablo

84.

5. Februar. Dein Brief kam mit dem letzten Schiff, mit dem kleinsten, der *Saturno.* Du weißt, dies ist eine verlassene, traurige Küste, schreib diesem Verlassenen mehr. Von jetzt ab werde ich Dich Biene nennen, auch wenn Du nicht blond bist. Kannst Du meine Schrift lesen? Ich studiere nicht, arbeite aber: Ich habe ein Buch Gedichte beendet, und bin zufrieden und fröhlich. Im übrigen ist es ein schöner Strand. Hier würde ich Dich herbringen; ich habe einen einsamen Ort ausgewählt. Du wirst Schnecke heißen: sag mir, hast Du noch *besoin* der lateinischen Grammatik, damit ich sie Dir schicke. Ah, vergiß mich nicht und bete für meine verdammte Seele.

Ricardo

85.

31. Oktober

Mein angebetetes Weibchen: es befremdet mich zutiefst, daß Du meine drei letzten Briefe nicht erhalten hast, eine Postkarte ohne Umschlag, dann ein Einschreibebrief mit beiliegendem Beleg, den ich Dir, wie ich mich erinnere, zu Deinem Geburtstag schrieb, und vorgestern eine Postkarte mit Umschlag. Mein Kind, mein geliebtes Weibchen, meine Gedanken sind auf Sie gerichtet mit all der Zärtlichkeit, deren ich fähig bin, für all die Zeit, die mein Leben umfaßt. Ach, wenn Du wüßtest, häßliche Kleine, mit welch schrecklicher Liebe ich Dich liebe. Alle diese Tage habe ich geglaubt, Du hättest mich vergessen, auch ich habe große Ängste ausgestanden im Gedanken an Deine Gesundheit. Durch die Tage hindurch voller Elend hat mich Deine goldene Leuchtspur vom Tod bewahrt. Ich werde Dir – *wann?* – lange Geschichten erzählen. Aus ihnen allen ist mein Herz unbeschadet hervorgegangen und hat sich vollkommen erhalten für meine geliebte Puppe.

Jetzt wirst Du meinen eingeschriebenen Brief erhalten und mir von Deiner Reise in den Süden sprechen. Ich glaube tatsächlich, daß ich in zwei oder drei Tagen die Wohnung verlassen werde, an die Du mir bisher schriebst, fortan kannst Du an Postfach 2898 schreiben, es ist das der Lehrer, darunter sind einige junge Leute, die mir wohlwollen. Weißt Du etwas von Deinem Laffenbruder? Ich gehe am 19. oder 20. November nach Ancud und bin gespannt, ob meine Kleine um diese Zeit auch ihre Schulen verläßt.

Schreib mir und fordere die Briefe an, die ich erwähnte, reklamiere sie, weil sie Dir gehören und niemand anders auf der Welt, niemand anders auf der Welt, sie gehören Dir und niemand anders, wie mein Herz.

Es küßt Dich mit vielen Küssen Dein

Pablo

86.

Mein vielgeliebtes Rotznäschen, hast Du einen Brief bekommen, in dem Dein alter Junge Dich ein wenig beschimpft? Du wirst Dir einen Spaß daraus machen und begreifen, was ich Dir sage.

Hast Du meine Postkarte aus Temuco bekommen? Gestern abend habe ich in Osorno übernachtet, hier regnet es wüst, und das Dorf ist von einer fürchterlichen Trostlosigkeit; schreib mir nach Ancud.[29]

Es küßt Dich mit großer Liebe

Paul

Puerto Montt 23

87.

Wieder sind die Tage des Frühlings gekommen, diesmal habe ich nicht die Sorge um Deine Krankheit vom vergangenen Jahr, auch nicht die Schmerzen, die ich damals für Dich litt. Erinnerst Du Dich, mein Weibchen, als Du zur Post gingst genau zu der Zeit, als Du auf mich hättest warten sollen und ich so viel Kummer hatte, daß er eine Zeitlang nachklang? Erinnert sich die Señora, daß ich sie traf, sie war kränklich und hatte ihren alten Freund vergessen, als sie mit ihren Pensionsfreunden zwischen den Papierschlangen lustwandelte? Jetzt, meine Kleine, jetzt, wo ich Dich mehr liebe als damals, mit mehr Zärtlichkeit und mehr Größe, habe ich nicht einmal die Befriedigung, Deinetwegen eifersüchtig und bekümmert zu sein, was mir schließlich Vergnügen bereitete, weil ich Deiner sicher war, es gefiel mir, daß Du der Anlaß für dieses schmerzliche Gefühl warst, welches das tiefste meines Herzens ist.

Ich habe den unendlichen Wunsch, mein Kind, bei Dir zu sein. Gott verhüte, daß Deine Reise in den Süden scheitert. In meiner hübschen Postkarte, die ich Dir sandte (die Du mir bis heute, 15., nicht beantwortet hast), sage ich, daß der Tag Deiner Abreise naht, das Gymnasium spielt keine Rolle, sofern Du die Reise durchführen kannst. Spiel die Kranke, die Erschöpfte (es wird Dir nicht schwerfallen, meine arme Kleine!) und sag mir auch den Tag, an dem wir uns treffen. Denk nicht zuviel dran, daß ich dorthin komme, die Misere hält mich restlos in ihren Klauen, die Misere und andere Dinge. Ich werde Dir mein augenblickliches Leben, das Du kaum kennst, Stück für Stück erzählen, zu Deiner Unterhaltung, wenn wir in der ersten Nacht unter Ancuds Sternen zusammen schlafen.

Meine Schwester und meine Leute waren bis vor kurzem hier, ich habe sie die ganze Zeit kaum gesehen, habe mich nicht von ihnen verabschiedet, als sie abreisten, Du verstehst, unsere Beziehungen sind so gut wie abgebrochen. Zum Glück hat meine Mutter mir einen Anzug gekauft, sonst wärst Du einem Fetzen begegnet. Mein Anzug ist blendend, gestreift wie ein Zebra.

Ah, welches Verlangen, mein Kleinchen, mein Rotznäschen, welches Verlangen, welches unermeßliche Verlangen, in Dir zu versinken, mit meinem Mund in dem Deinen zu kreisen, welche große Leidenschaft treibt mich zu Dir, welcher Wahnsinn, welcher Überschwang.

Ich habe meine Sekretärin Olga entlassen. Wenn sie Dir wieder geschrieben hat, so antworte unwirsch oder überhaupt 

nicht, denn sie hat sich als giftiger Kakerlak entpuppt, hat bei meiner gesamten *Klientel* intrigiert, kurz, ich werde Dir alles berichten, denn sie ist an den letzten Ereignissen beteiligt. Nein, das Bild ist schlecht gelungen, nimm es nicht tragisch, ich habe es Dir geschickt, damit Du neben meinem Kopf die Vergrößerung Deines Bildes sähest, auf dem Du fast so schön aussiehst, wie Du bist. Stell Dir vor, neulich kam ich frühmorgens besoffen nach Hause (augenblicklich verbringe ich fast jede Nacht bei Saufereien), und als ich mein Zimmer 
betrat, kniete ich mich in einer Anwandlung von Zärtlichkeit aufs Bett, um Dein Bild zu erreichen und gab ihm kurz entschlossen einen fetten Kuß. Das ist über drei Wochen her, doch höre und staune: um das Wunder zu bezeugen, haftet nun auf dem Glas der Kuß, so:

Wenn ich komme, bringe ich das Bild in Papier gewickelt mit, und Du wirst sehen, daß es stimmt, mein geliebter Goldkäfer.

Der undankbare Rubén hat mir seit Tagen kein Wort geschrieben, als habe er mir über Deine Reise, über die Reise von uns beiden, nichts zu berichten.

88.

Meine geliebte Kleine,
schön, Du schreibst mir nach so viel Zeit, ohne ein bißchen Reue darüber zu empfinden, daß die Reise in den Süden ins Wasser gefallen ist. Was soll ich mit Dir anfangen? Wo es auf nichts so sehr angekommen wäre wie auf Deine Willenskraft, was hat Dich versagen lassen? Du hast recht, wenn Du daran denkst, mich zu vergessen: so eine Gefährtin hat für mich keinen Wert. Fast ein Jahr lang einen Erholungsurlaub für Dich vorzubereiten, ein Jahr vergeudet ohne Sinn und Ziel. Das ist schlimm, viel schlimmer als Du denkst.
Auch ich habe Dir zum neuen Jahr geschrieben, aber einen bitteren Brief, in dem ich mit Dir gebrochen habe. In Wirklichkeit bist Du das Einzige, worauf ich mich in dieser fatalen Zeit stützen kann, und gerade jetzt habe ich Deine Nähe vermißt: ich habe Dich begehrt, habe Dir meine Zärtlichkeit bewahrt, und doch habe ich nicht die Wärme und Nähe deines Herzens gespürt: das ist die Grenze des Erträglichen, gleich dahinter kommt Vergessen, Gleichgültigkeit, Ferne. Ich muß mich sehr anstrengen, Dir zu verzeihen, mein Kind. Aber ich liebe Dich! Es ist für mein zerrissenes Leben schwer, auf die Liebe zu verzichten, das, was man liebt, zu vergessen, ich wollte gerade, daß Du nichts erführest von dem Elend und den Ungereimtheiten, die ich kenne, damit ich mir bei Dir Trost holen könnte für meine Seele in jedem Augenblick, in jedwedem Augenblick meines Lebens.
Ich gedenke morgen in den Süden zu gehen, morgen Freitag. Ich werde bis nach Ancud fahren, auch wenn ich in Temuco

haltmache... Ich werde Dir meine Adresse schreiben, sobald ich sie weiß. Wenn Du nichts anderes erfährst, schreibe mir weiter nach Santiago.
Ich bin noch immer krank, versuche doch, mich zu treffen, aber nicht in Concepción, diesem trostlosen Dorf.
Der Deine Pablo

89.
Es gehen Fahrkarten ab
die ich telegraphisch ankündigen werde.
Wenn Ihr früher kommen könnt, desto besser.[30]

90.
Albertina:
Du bist eine schlechte Frau. Du schreibst mir nie. Du könntest neidisch sein auf die Freude, die mir Deine wenigen Briefe bereiten, welche mich erreichen. Hast Du ein in ein Gedicht gewickeltes Kärtchen bekommen? Gestern, als ich über die Hügel galoppierte, dachte ich an Dich. Von dort habe ich Handtaschen voller Haselnüsse mitgebracht, Schößlinge, Copihueblüten, Boldozweige, Myrten. Ah, wie nötig brauche ich Dich hier, wie sehr möchte ich Dich bei mir haben. Komm. Schreib Rubén: ich habe ihm nie geschrieben. Dem Meer erzähle nichts, das Meer ist mein Feind. Wenn ich bade, beschimpfe ich es mit lautem Geschrei, und es versucht, mich zu ertränken und mich voller Wut zu peitschen. Ich halte mich für einen großen Maschinenschreiber, darum schreibe ich Dir mit der Maschine. Ich habe einen langen, fünfzehn Tage alten Bart und habe 200 g blonden Tabak verbraucht. Hast Du gestern nacht einen hauchschlanken Mond gesehen und daneben ein Sternchen? Ein Erdbeben? In Temuco gibt es eine

Machela, kennt sie Dich? Ich entdecke, daß man mit der Maschine leichter lügt. Ich schreibe jeden Nachmittag, beatworte einen Brief, und zwar auf dieser Maschine Don Augusto Winters.[31] Jetzt sehe ich, daß ich »beatworte« getippt habe, und das macht mich traurig. Kennst Du die Pinguine? Vorsicht, sie beißen! Ich schreibe nicht weiter und sende Dir einen langen langen Kuß auf dem Rücken der Flut.

Pablo

dummedummedummedummedummedummedummedum-medummedummedummedumme

91.

Du mußt mir ausführlich erzählen, was Du getrieben hast und was Du treibst, und ob Du Schmerzen hast und was Du denkst. Schon heute, während ich Dir schreibe, wirst Du ankommen, es ist Dienstag vormittag, mittlerweile wirst Du zu Hause angekommen sein. Ich habe diese drei Tage lesend und rauchend verbracht, solange ich ungelesene Bücher habe und Tabak, langweile ich mich nicht. Ich gedenke den ganzen Monat hierzusein. Jetzt will ich Dir ein paar Verse abschreiben.

»Wer wenn nicht du, verliebtes Fräulein,
bebt neben mir wie der trunkene Draht
in einem namenlosen Lied?
Ach meine Traurige, das Lächeln entfaltet sich
wie ein Schmetterling auf deinem Gesicht
und für dich ist meine Schwester nicht schwarz gekleidet
Ich bin der welcher Namen entblättert und
hohe Sternbilder aus Tau
in der Nacht aus blauen Wänden, hoch über deiner Stirn,
um dich zu rühmen Wort aus reinen Schwingen
der welcher sein Glück immer da zerbrach, wo er nicht war.

Zum Beispiel kreist die Nacht zwischen
Silberkreuzen
wozu an deinen ersten Kuß erinnern
ich legte dich vor das Schweigen mein Land
die Vögel meines Durstes beschützen dich
und ich küsse deinen dämmerfeuchten Mund.

Es ist ferner, höher.
Um dich zu bezeichnen verneigt sich eine Ähre.
Zerstreutes Herz, zu einer Wunde verzerrt,
Du fesselst die Farbe der Nacht und befreist
die Gefangenen
Ah wozu erweiterten sie die Erde
auf der Seite wo ich nach dir ausschaue und du nicht bist, mein
Mädchen,
zwischen Schatten und Schatten Schicksal des Schiffbruchs
nichts habe ich ah Einsamkeit
Und doch bist du das ferne Licht das
die Früchte reif macht
und wir werden gemeinsam sterben.
Zu denken daß du da bist, weißes Schiff,
bereit für die große Reise,
und wir halten unsere Hände am Bug gefaltet.

Ich habe mir die unerträgliche Mühe gemacht, Dir dies aus meinem nächsten Buch abzuschreiben, weil ich wissen will, ob Dich etwas von dem interessiert, was ich für Dich schreibe. Du machst mir den Eindruck von Gleichgültigkeit, und das erregt meine Neugier.

Ich hoffe, dieser Brief geht nicht verloren, hast Du eine zuverlässige Anschrift? Kleine Kranke, wirst Du zur Post gehen und diese belanglosen Worte abholen? Schreib mir ausgiebig und empfange Küsse für lange Zeit. Dein

Pablo

92.

Erziehungsministerium
CHILE

Rubén fährt in den Süden, Ancud, Dienstag, glaube ich. Soviel ich weiß, fährt er über Concepción, sprich mit ihm, erfinde Pläne und schreib mir keinen Brief unter zehn Seiten.
Der Deine vielmals

Dein Pablo

Postfach 3323

93.

Netocha
Es fällt mir etwas schwer, Dir zu schreiben, zumal ich an Deine Oper denke und an Deinen Sonderunterricht, um nichts auf der Welt möchte ich Dir Deine großen Vergnügungen mit eintönigen Briefen verderben!
Rubén schreibt mir nicht, am 1. gehe ich nach Ancud, Du mit Deiner Umsicht wirst zu diesem Zeitpunkt noch nichts geregelt haben. Ernstlich, die Dinge sich selbst überlassen, heißt Leerlauf bewirken, heißt auf der Stelle treten. Ich habe Dein Einschreiben erhalten und die hastigen Briefe, die Du mir geschickt hast.
Sei Dir klar darüber, daß ich alle Deine Briefe bekomme und bereue bloß nicht, mir nicht zu schreiben. Dein Freund ist an alles gewöhnt.

Pablo

94.

Mein vielgeliebtes Rotznäschen, Du wirst Dich nicht mehr an Deinen Brief erinnern. Ich habe ihn in einem Kino gelesen und anschließend zerrissen. Er ist ein tiefer Schmerzensschrei und der Gedanke, Dich verlassen zu wissen und allein, hat

mich bekümmert, zumal ich so verärgert bin, verbittert und krank, ohne Aussicht, mein unendliches Bedürfnis nach Dir zu stillen und Dich zu küssen. Vielleicht ist diese lange Abwesenheit gut gewesen: jede Nacht und jede Minute, die ich allein bin, denke ich verzweifelt an Dich und erkenne, daß Du das einzig Wahre und Geliebte in meinem Leben bist. Schön, Rotznäschen, Doña Pelá, wie sie Dich nennen, laß uns nicht die Sentimentalen spielen, denk an mich und verlaß Dich fortan auf mich und schmiede Pläne, damit wir uns bald treffen können. Ich habe vor, Ende Oktober nach Ancud zu fahren, es hängt von vielem ab. Wirst Du es in dieser Zeit schaffen? Laß Deine Schule Schule sein, erzähl Deinem Vater, daß Du krank bist, nimm Dir diese Tage nichts vor, alles übrige wird sich finden. Ich will nicht, daß Du Dich in dieser erbärmlichen Schule umbringst, ich will Dich weiterhin jung wissen und so hübsch wie ich Dich bisher kannte, und richte Dich danach, damit ich ein bißchen glücklicher werde. Bitte schon heute zu Hause um Erlaubnis, glaub nicht, daß die Dinge sich in einem Tag regeln lassen. Träfe ich Dich dort in den kommenden Tagen, ich wäre fröhlich wie eine Glocke.
Ich werde Dir dieser Tage ein paar Bilder schicken und einige Zeitungen. Jetzt bin ich Direktor einer Zeitschrift: *Caballo de Bastos*, die ich Dir schicke, sobald sie herauskommt.[32] Ich mache mein Buch fertig, um es der Druckerei zu übergeben. Ich denke auch, ins Kinogeschäft einzusteigen. Kurzum. Nächstens gehe ich für zwei oder drei Tage nach Valparaíso, um das Meer zu sehen und einen Freund.
Verzeih, wenn ich Dir gelegentlich nicht schreibe: ich bin fast die ganzen Nächte wach, schlafe tagsüber und habe zu nichts Lust. Ich bin müde, von einer Müdigkeit, aus der nur Dein Herz mich retten kann.
Ganz der Deine Deine Dein

Pablo

95.

Mein Rotznäschen, heute erhielt ich Deinen Brief, ich schrieb Dir spätabends, im Mercurio. Mehr als alles in diesen Tagen hat mich eine große Niedergeschlagenheit mitgenommen, meine Kleine, stell Dir vor, heute, am 1. Mai, bin ich nicht aufgestanden und schreibe Dir abends um acht Uhr. Ich habe dieser Tage etwas Geld von meinem Verleger bekommen. Und habe bereits beschlossen, es auszugeben, meine geliebte Kleine.

Ich habe einen wunderhübschen Tisch. Das Fehlen eines Tischs war der Hauptgrund dafür, daß ich Dir nicht schreiben konnte.

Sale araignée, schieb die Schuld nicht auf den Postboten, ich schreibe Dir am Sonntag; und habe soeben Deinen köstlichen Brief aufgemacht, in dem Du mir ein Hündchen schickst. Alle Briefe kommen an, mein Kleinchen, vor allem aber kommen die an, die man schreibt. Ich habe dieser Tage mit der Vicha gesprochen, auch mit Rubén. Den heutigen Sonntagnachmittag werde ich auf einer Maschine für den Verlag arbeiten, und am Montag werde ich genügend Geld haben, damit Du kommen kannst, mein kleiner Spatz. Wenn Du wüßtest, wie hübsch das Zimmer ist, wenn es Dich erwartet. Es hat neue Kissen und einen hohen Bettvorleger aus gelbem Rohr. Außerdem etwas, was ich Dir nicht erzählen möchte. Ich habe eine echte und sehr drollige Schildkröte gekauft. Sie heißt Luka, ich unterhalte mich ganze Nachmittage mit ihr. Wenn ich ihr sage, daß Du nächsten Donnerstag hiersein wirst, streckt sie ihren Hahnenkopf hervor und sucht Dich mit den Augen im Zimmer, als seist Du schon da. Das einzige, was sie frißt, ist das Silberpapier meiner Zigaretten. Als sie den gemalten Hund sah, den Du mir geschickt hast, verging sie fast vor Eifersucht und hat vor lauter Wut das Buch über Totilas Bildhauerarbeiten aufgefressen.[33] Aus Hamburg schrieb mir

Pino, Yolando zweimal, ich schicke Dir den Brief, antworte ihm, sag ihm, daß wir an ihn denken, daß wir noch nicht zusammen sind, und daß ich ihm nicht schreiben kann, solange das nicht eingetroffen ist. Sag ihm, daß meine Bücher ›Versuch des unendlichen Menschen‹, ›Kartenhaus‹ und ›Abend- und Morgendämmerungen‹ im Druck sind und er sie binnen kurzem erhalten wird. Er möge mir auch Verse von sich und seinen deutschen Lieblingsdichtern schicken für meine Zeitschrift ›Caballo de Bastos‹, die in zehn Tagen erscheinen soll.
Ich wollte Dich nach einem Brief von der Luz fragen, hat Dir diese Scheißrotznase geschrieben oder nicht? Erzähl mir doch, meine Schöne, wie das mit Deinen Übelkeiten ist, das interessiert mich am meisten, zumal ich sicher bin, daß Du mich noch magst. Einen sehr langen Kuß von Deinem Alten und ein Knurren von meiner Schildkröte,

Dein Pablo

Sonntag
reklamiere eingeschriebenen *Pinocho*

96.

Ancud, März 1926

Albertina.
Meine Briefe sind nach dem neuen Postgesetz geöffnet nach Santiago zurückgegangen. Du hast Dir nicht einmal Gedanken darüber gemacht, daß diese geheimen Dinge meines Herzens und des Deinen in fremde Hände fallen könnten. Es ist gut, nun glaube ich bereits manches von Dir. Muß ich vermuten, daß meine Briefe aus Temuco, Osorno, Pto. Montt das gleiche Schicksal ereilen würde? Fest steht, Albertina, daß Zeit vergangen ist und Du nicht mehr dieselbe bist.
Es küßt Dich mit der Zärtlichkeit von immer Pablo

97.
Rotznäschen, heute fahre ich nach Ancud
Dein Pablo
22. Februar

98.
Drei Tage habe ich einen Brief für Dich in der Tasche herumgetragen, fertig für die Post, sicherlich erhältst Du diesen vor dem anderen. Ich habe keine andere Neuigkeit als daß der Affe Rubén und der de Rokha seit zwei Tagen hier sind. Ich habe sie in einem Hotelchen, in dem sie untergebracht sind, zurückgelassen und will mit Dir einen Augenblick vor dem Schlafengehen reden. Ich muß wissen, wie es mit all Deinen Krankheiten steht, unterlasse nicht, mir klare Auskunft darüber zu geben, ich gedenke dieser Tage nach Concepción zu kommen, vielleicht wenn die Jungens zurückfahren, meine Reise wird kein anderes Ziel haben. Drum mach Dir, geliebte Singspätzin, Gedanken darüber, was Du zu unternehmen gedenkst, um uns von diesen Alpträumen zu befreien. Noch ist meine Reise nach Concepción nicht beschlossen, von Dir und dem, was Du mir sagst, hängt meine Entscheidung ab.
Es umarmt und küßt Dich mit unendlicher Zärtlichkeit Dein
Pablo

3. Februar

99.
REPUBLIK CHILE
Erziehungsministerium
Mein Rotznäschen, ich habe heute Deinen Brief erhalten. Höre, heute wurde vom Erziehungswesen der Erlaß unterschrieben, der mich beauftragt, meine Studien in Französisch (lache nur) in Frankreich zu beenden, dieser Tage soll ich

erfahren, ob ich eine Fahrkarte bekomme oder nicht. Sobald ich es weiß und ich sie in Geld ausbezahlt bekomme, nehme ich den Zug und fliege zu Dir, um Dich zu küssen.
A faire sur le champ:
Laß eine Porträtaufnahme von Dir machen, Postkartengröße, im Profil, absolutes Profil, so:

Und schicke mir das Porträt, laß es da machen, wo es am raschesten geht.
Es küßt Dich, küßt Dich

Dein Pablo

100. Erziehungsministerium

CHILE

Mein Rotznäschen, beunruhige Dich nicht, wenn ich Dir nicht schreibe, es bedeutet, daß nichts passiert, daß es noch nicht Zeit ist. Es ist alles beim alten, alles wie bisher, ich habe keine Arbeit gefunden, weder ich noch Dein Bruder, er ist neuerdings ziemlich übel gelaunt, unerträglich, ich bin unverändert und nicht verzweifelt. Heute ergab sich in L. Andes eine Unterrichtsmöglichkeit für Rubén, mal sehen, ob es klappt.[34] Ich möchte, daß Du am 10. März in Santiago bist. Morgen schreibe ich Dir ausführlicher.

Der Deine Deine Dein

Pablo

29. März, Sonntag

Colombo, 17. Dezember
Ceylon 1929

Mein Netochakind,
ich gedachte Dir nicht zu schreiben, bis Du nicht meine vorigen Briefe beantwortet hättest, aber es ist Nacht, es ist heiß, ich kann nicht schlafen.
Dein schönes Bild steht auf meinem Nachttisch: ich habe einen kostbaren Holzrahmen dafür machen lassen: Tamarinde, und Deine Augen, von denen ich glaubte, sie würden mich nie mehr sehen, blicken mich Tag und Nacht an.
Seltsam, daß ich wieder auf diese Weise an Dich schreibe, da ich nichts von Dir weiß, nicht, was Du von mir denkst. Doch in Wirklichkeit bist Du mir diese ganze lange Zeit nahe gewesen, und meine Erinnerung an Dich hat mir mitunter weh getan wie eine Wunde.
Überdies möchte ich nicht, daß Dir meine Gesellschaft jetzt fehlt, wo Du meinen Plan kennst. Denn es wird das letzte Mal in unser beider Leben sein, daß wir davon sprechen, uns zu vereinigen. Ich werde die Einsamkeit langsam müde, und wenn Du nicht kommst, werde ich sehen, eine andere zu heiraten.
Kommt Dir das brutal vor? Nein, brutal wäre, wenn Du nicht kämst.
Du mußt wissen, daß mit dem »Herrn Konsul« eine bescheidene soziale Stellung verbunden ist, somit bleibt mir nicht verborgen, daß dies unter den Mamas (die bisweilen bildschöne Töchter haben) bestimmte Erwartungen auslöst.
Doch höre!

> Ich habe nie eine andere geliebt als Dich, Albertina. In meinen Augen kann keine Frau sich mit Dir messen. Bist du's zufrieden?

Doch um auf die Überfahrt zurückzukommen: ich glaube, daß Du überlegen solltest, ein Schiff der P. & O. (Branch Service) zu nehmen. Diese Gesellschaft hat Filialen in Paris, Marseille und so weiter. Der Fahrpreis auf diesen Dampfern, die nur Einheitsklasse haben, beläuft sich auf etwa $ 1000.– chilenische Pesos.

Sag mir, wie es mit Deiner finanziellen Lage bestellt ist.

Natürlich tust Du, was Du kannst und wie es Dir paßt.

Ich muß wissen, ob ich Dir dieses Geld schicken soll oder nicht. Es wäre für mich eine große Erleichterung, wenn Du es Dir beschaffen könntest.

Jeden Tag und jede Stunde eines jeden Tages frage ich mich: wird sie kommen?

Kannst Du Dir vorstellen, daß ich nichts von Chile weiß: ich erhalte weder Zeitungen noch Briefe.

Ich hoffe recht bald Briefe von Dir zu bekommen und ruhig zu sein mit Dir oder ohne Dich.

Das stimmt nicht: ruhig nur mit Dir und wenn Du mich liebst.

Dein Pablo

102.

Chilenisches Konsulat
Colombo

letzte Stunde!

In diesem Augenblick teilt mir die Gesellschaft mit, daß die Dampfer, die ich Dir als Einheitsklasse nannte, Marseille nicht anlaufen, sondern direkt von London auslaufen.

Du wirst sehen. Es sind die billigsten Schiffe, doch falls Du das Geld hast (o weh!), fahre mit irgendeinem Schiff.

Ich gebe Dir auf alle Fälle die Anschriften der Gesellschaft, von der ich sprach:

Brüssel: Thos Cook y Sons, 11 Rue de l'Eveque. Boul. Anspach.

Paris: C. C. Verrinder, 14 Rue du 4 Septembre
Marseille: Estr. ne y Co., 18 Rue Colbert

Auch könntest Du, sofern die Zeit reicht, vielleicht eines Tages Deine Verpflichtungen bei der Universität Chile erfüllen. Allerdings verachte ich von Herzen alle Lehrerinnen und Lehrer dieser Welt.
Ist es Deinem »Lehramt« zuzuschreiben, daß an Deinen Briefen noch eine gewisse Unzulänglichkeit, eine gewisse Trokkenheit haftet, auch an diesem, der mir soviel Freude gemacht hat?
Sei mitteilsamer, liebevoller, fragefreudiger, weiblicher in Deinen Briefen: das Leben könnte es nicht mehr sein, ich kenne Dich eben so wie ich Dich liebe und weiß, daß Du voll unendlicher Zärtlichkeit bist. Wenn Du schreibst – und schreib mir länger –, sag alles, alles, was Du fühlst und glaubst und leidest und genießt. P.

103.
Par Avion
Nie hat ein Flugzeug soviel Küsse mitgenommen!

PABLO NERUDA

Colombo, 18. Dezember 1929, Ceylon
Albertina Geliebte, vor zwei Stunden habe ich Deinen Brief erhalten und mache mich mit Deinem Universitätsproblem vertraut.
Meine Antwort:
Erstens, ich glaube, wir sollten nicht unser Glück aufs Spiel setzen, es hinausschieben oder ihm Hindernisse in den Weg legen.

Dann dies: denk nicht, daß ich nach Europa kommen kann, dafür habe ich kein Geld, noch kann ich mich im Augenblick von meinem Posten entfernen. Auch würde ich Dich, falls ich Dich dort sehen könnte, nicht nach Chile reisen lassen, keinesfalls. Meine Idee ist folgende: Du kommst, so wie Du es menschenmöglich machen kannst, und am besten unter Verwendung der Rückfahrkarte nach Chile, die Du bei der Gesellschaft umtauschen könntest. Ich weiß genau, was das heißt, hab keine Angst, sobald wir verheiratet sind, schreibe ich an Molina oder sonstwen und werde dafür sorgen, daß Deine Fahrkarten und alle Ausgaben bis zum letzten Centavo bezahlt werden.[35] Auf alle Fälle, wenn Du es tust, tu es überraschend, und ohne daß jemand erfährt, daß ich es Dir vorgeschlagen habe, da dies meine Laufbahn benachteiligen könnte.

Sobald Du bei mir bist, wird alles gutgehen.

Außerdem, wenn Du auf irgendeine oder andere Weise nach Chile führest, könnte ich Dir nichts versprechen. In einem Brief, den ich Dir gestern abend geschrieben habe und der mit gewöhnlicher Post abgeht, habe ich Dir davon gesprochen, und Du verstehst mich. Ich bin müde, allein zu leben, und wenn Du diesmal aus meinem Leben schwindest, werde ich Dich nie wiedersehen. Dessen magst Du gewiß sein. Die Entfernungen und die Zeit zählen in diesem Leben. Mein Haus wird Dir sehr gefallen. Es ist klein, und liegt fast über dem Meer, und der frische Meergeruch füllt es ganz.

Ich hoffe, meine Freundin, daß Du tust, was Dein Herz Dir befiehlt.

Ich küsse Dich ein und tausendmal und ein und tausendmal mehr

Dein Pablo

Hast Du meine Briefe erhalten? Komm ich Dir alt und häßlich vor auf meinem Bild?
Ich wünsche nicht, daß Du etwas mit der Frau von Alberto Rojas zu tun hast.[36] Verstehst Du? Wenn Du ihr diese Sachen noch nicht ausgehändigt hast, schicke sie ihr per Post zu.
Ich befehle Dir jetzt, aber gehorch mir doch endlich, mein Rotznäschen, Du verstehst gewiß, warum ich das sage. Sei sehr vorsichtig in allem, was Du tust. Du wirst es noch besser verstehen, wenn ich Dir folgendes erkläre:
Ich habe in meinem Leben bisher viel Geld ausgegeben und mache zum ersten Mal eine Krise durch: ich muß bis zum März die Hälfte meines Gehalts an die Bank zahlen. Verstehst Du? Deine Reise würde gut in den Märzanfang passen, wenn es mir auch nicht gefällt, daß Du dann im Februar frei bist.
Wenn Du genug Geld für Deine Ausgaben in der Hand hast und entschlossen bist zu kommen, so gib es für die Reise aus: wir werden es nachher ersetzen. Ich denke, daß ich meine Lage binnen kurzem verbessern kann.
Noch etwas:
Es könnte natürlich sein, wie ich Dir in einem anderen Brief erklärte, daß mir plötzlich meine Versetzung mitgeteilt wird. In diesem Fall telegrafiere ich Dir ausführlich.
Doch das halte ich für unwahrscheinlich. Unterlasse nicht, mir laufend zu schreiben. Sobald sich Deine Adresse ändert, laß es mich wissen.
Ich habe Dir in meinem letzten Brief, solltest Du Deine Fahrkarte selbst bezahlen müssen, eine Schiffahrtsgesellschaft mit Einheitsklasse genannt, die P. & O. Co. Ich glaube, ich habe Dir darin die Anschrift ihrer Filialen mitgeteilt.
Ein neues Buch von mir wird bald in Spanien erscheinen: darin ist vieles für dich[37]:

1 Auf dem Grunde des tiefen Meeres,

2 durch die Nacht aus endlosen Streifen
3 fliegt wie ein Renner
4 dein stummer stummer Name vorbei

Hast Du gemerkt, daß meine Gedichte immer Dir galten? Mit Ausnahme einiger. Die besten sind die Deinen.

Ist es wahr, daß Du mich noch magst? Fühlst Du die Liebkosungen, die Dich empfangen werden? Fühlst Du Dich nackt in meinen Armen?

Mein Leben! Ist es wahr, daß wir uns geliebt, begehrt, angebetet haben wie niemand sonst?

Ist es wahr, daß unsere Liebe groß gewesen ist? Liebst Du mich? Ich denke an Dich mit soviel Leidenschaft, fast im Schmerz! Ich glaube, ich gestehe Dir zum ersten Mal, wie sehr ich Dich immer geliebt habe.

Aber Du wußtest es schon,

Ich küsse Dich ganz

P.

Beantworte mir jede Frage und vergiß nicht, mir zu sagen, daß Du mich liebst, wenn es wahr ist.

Vor einiger Zeit rief ich einen Fakir, und unter anderem – was ich Dir nicht verraten werde – sagte er mir, er könne den Namen derer erraten, die ich liebe und die mich liebt.

Und auf dieses Stück Papier schrieb er mit Bleistift den geliebten Namen: ALBERTINA

104.

Colombo, 19. Dezember

Albertina: Ich habe meine beiden Briefe zur Post gegeben, einen gewöhnlichen und einen Luftpostbrief. Erhalten?

Ich schreibe Dir, weil ich in diesem Augenblick denke, daß es vielleicht unangebracht ist, Dich in Konflikte mit Deinen

»Pflichten« zu bringen. Wirklich, verzeih mir, wenn ich Deinen *autrement* friedlichen Aufenthalt durcheinandergebracht habe.
Das soll heißen, daß ich Dir mit Freuden alle Freiheit lasse, zu tun, was Du für das Vernünftigste hältst und das für Dich Angemessenste.
Auf keinen Fall möchte ich Dich zwingen, zu mir zu kommen. Ich kann mich nicht in Deine Lage versetzen, und nachdem ich Deinen einzigen Brief zum hundertsten Mal gelesen habe, merke ich, daß Du vielleicht nach Chile heimfahren möchtest. Auch müßtest Du mit Deinem Kommen Deinen Anteil an Leiden und Misere in Kauf nehmen, die mein Leben in größerem Maß belasten als das anderer Männer.
Bitte handle wie Du es wünschst

Der Deine

Pablo

105.

COLOMBO

Ceylon, 24. Dezember

Noch einige Küsse für Dich
und damit Du siehst, daß ich Dich nicht vergesse.
Nicht ein Wort von Dir
in der letzten Post.

Pablo

106.

PABLO NERUDA

COLOMBO, Ceylon, 12. Januar 1930

Mein vielgeliebtes Rotznäschen, ich bitte Dich, den beiliegenden Brief zu verzeihen, wenn er Dich unangenehm berührt. Sieh, ich führe ein sehr einsames Leben, für gewöhnlich spreche ich Wochen um Wochen mit niemandem, ausgenommen mit meinem Diener. Du wirst begreifen warum, sofern Du kommst, wie ich hoffe. So kann ich über die große Freude, wieder von Dir zu hören, niemandem ein Wort sagen, an niemandem kann ich meine Wut über irgendwelche Widerwärtigkeiten loswerden. Du weißt, daß ich nicht besonders gutmütig bin... Und wenn ich etwas erlebe, muß ich es allein verdauen, all die Freude oder den Kummer über das, was mir widerfährt. Drum verzeih Deinem alten Rotzer, wenn in seinen Worten dann und wann ein Vorwurf ist oder Bitterkeit. All das kommt aus meinem Herzen wie meine große Liebe zu Dir, meine Geliebte.

Ich küsse Dich endlos lange,

Pablo

107.

Wellawatta, Insel Ceylon, 12. Januar 1929

Meine Albertina, ich kann kaum meinen Zorn zurückhalten und Dir in Ruhe schreiben. Gestern wurde mir von Deiner berühmten rue Jourdan mein wichtiger Einschreibebrief mit der Bemerkung *Parti sans laisser adresse* zurückgeschickt. Ich muß Dir sagen, daß ich darin einen grausamen Mangel an Verantwortlichkeit sehe, von dem ich nicht weiß, wie ich ihn auffassen soll. Ich habe all die Zeit wahnsinnig an Dich gedacht, daran gedacht, wie ich die tausend Konflikte lösen soll, die Dein Kommen mit sich bringen könnte und angstvoll auf ein Wort von Dir gewartet, und als ich es in Händen zu halten glaubte, bekomme ich meinen Brief zurück, weil Du nicht einmal geruht hast, entsprechende Anweisungen zu hinterlassen.

Gestern glaubte ich wahnsinnig zu werden vor Wut, Enttäuschung, Trauer.

Ich vermute, daß meine anderen sechs oder sieben an dieselbe Anschrift abgesandten Briefe gleichfalls verlorengegangen sind.
Und als wäre das gar nichts, erhalte ich in diesem Augenblick ein Kärtchen von Dir aus London mit »Dein Stillschweigen beunruhigt mich« und so weiter. Und natürlich gibst Du mir eine neue Adresse in Brüssel. An welche Adresse soll ich nun diesen Brief schicken? Kann ich mich bei Dir auf irgend etwas verlassen?
Und natürlich eine kleine Postkarte in einem Monat. Nach fünf Jahren vollkommenen Verstummens paßt alles, was Du mir zu sagen hast, auf eine Postkarte!
Sag, Albertina, muß ich an Dir zweifeln?
Wenn Du einen meiner Briefe erhältst, wirst Du sehen, wie *ich* Dich liebe.
Ich bin wütend, irritiert, ich will Dir nicht noch mehr Dinge sagen, die Dich verletzen könnten.
Die Zeit Deiner Rückkehr naht und noch sind wir zu nichts gekommen, Du hast nicht einmal meine Vorschläge beantwortet. Wenn Du kommst, wie ich hoffe, muß ich es lange vorher wissen, muß meine Finanzen regeln und an tausend Einzelheiten denken, die unsere Eheschließung und Existenz mit sich bringen. Ich habe Dir jeden dieser Punkte mehrmals in meinen zahlreichen Briefen auseinandergesetzt. In dem zurückgeschickten Brief lag auch ein Bild von mir, das ich Dir zugedacht hatte. Kommt es Dir nicht wie eine Strafe vor, es nicht in Händen zu halten?

Glaub nicht, daß, weil ich Dich schelte,
ich Dich weniger anbete, Pablo

(A. d. H.: Auf der Rückseite dieses maschinegeschriebenen Briefs steht handgeschrieben:)
Für den unglückseligen Fall, daß alle Briefe verlorengegangen sind, sollten wir uns meiner Meinung nach telegrafieren:
Inhaltsangabe meiner vorigen Briefe:
Ich kann keinesfalls nach Europa fahren. Du mußt hierherkommen.
Falls möglich, bezahle Du selbst Deine Überfahrt oder tausch die, die Du hast, um in eine nach Ceylon.
Hinterher zahlen wir alles *unbedingt* an Deine Universität zurück.
Teile mir auf jeden Fall Deinen Wunsch mit und erläutere mir Deine Pläne.
Verwirf jeden Plan, der zuviel Zeit beansprucht. Alles muß jetzt geschehen oder nie.

108. UNIVERSITÄT CONCEPCIÓN
Unterrichtsschule

Mädchen, ich sollte fliehen, statt dessen versuche ich, von Augenblick zu Augenblick weiterzuleben. Ich will Dir nicht von dem Schaden sprechen, den Du mir zugefügt hast, Du würdest es nicht begreifen – dennoch möchte ich Dich um einige Dinge bitten, und ich hoffe, daß Du, eingedenk vergangener Zeiten, tun wirst, was ich Dir sage. Ich habe Dich, eingedenk unserer Liebe, zu meiner Frau machen wollen.
Willst Du, Albertina, bitte an Rubén schreiben und ihm sagen, daß ich dafür das Menschenmögliche getan habe, und ihm gleichzeitig die Gründe erklären, die Dich zu Deiner Handlungsweise veranlaßt haben. Ich habe Rubén von Herzen gern gehabt und würde ihm gerne diese traurige Genugtuung geben.
Ich wünsche überdies, daß Du die Originalbriefe und anderen

Sachen, die Du noch von mir hast, vernichtest und mir die Bilder zurückschickst, die ich Dir geschenkt habe. Ich will nicht, daß sie in die Hände Deiner Freunde in Concepción fallen (ich bin im Bilde).
Ich brauche besonders das Bild, das ich Dir zweimal eingeschrieben nach Brüssel geschickt habe. Es ist ein Bild in Bengaltracht, das ich dringend benötige, und ich bitte Dich um den großen und letzten Gefallen, es mir unverzüglich zurückzugeben.
Adieu, Albertina, für immer. Vergiß mich und glaube mir, daß ich nur Dein Glück gewollt habe.

P.

109.

REPUBLIK CHILE
Außenministerium

Du kannst mir ans Außenministerium schreiben, wo ich arbeite. Du wirst wissen, daß ich seit Dezember 1931 verheiratet bin. Die Einsamkeit, die Du nicht heilen wolltest, wurde mir nach und nach unerträglich. Du wirst es verstehen, wenn Du an so viele Jahre der Verbannung denkst.
Ich würde so gerne ein wenig Deine Stirn küssen, Deine Hände streicheln, die ich so geliebt habe, Dir ein wenig von der Freundschaft und der Zärtlichkeit schenken, die ich noch immer für Dich im Herzen trage.
Zeig niemand diesen Brief. Auch soll niemand wissen, daß Du mir schreibst.
Kannst Du für einen Tag nach Santiago kommen?

Es umarmt Dich Dein alter Freund,
Pablo

Außenministerium
Bibliothek

110.

REPUBLIK CHILE
Außenministerium

Santiago, 15. Mai 1932

Albertina, ich erhielt das Sonett, das ich vor so vielen Jahren für Dich geschrieben habe. Es hat mir zu denken und zu leiden gegeben. Ich würde Dich gern sehen. Willst Du mir einen langen Brief schreiben?

Es gäbe vieles zu bereden, vieles zu erinnern. Ich will Dich nicht bedauern, aber mir scheint, Du hast einen großen Fehler gemacht.

Meine Telegramme, meine Briefe haben Dir gesagt, daß ich Dich heiraten würde, sofern Du nach Colombo kämst. Albertina, ich hatte bereits die Heiratsgenehmigung und hatte das nötige Geld beantragt. Das weißt Du, ich habe es geduldig und eingehend in jedem meiner Briefe an Dich wiederholt.

Nun erzählt mir meine Schwester, ich hätte Dich gebeten, mit mir zu leben, unverheiratet, das hättest Du behauptet.

Niemals im Leben! Warum lügst Du? Außer der fürchterlichen Bitterkeit darüber, daß Du mich nicht verstanden hast, empfinde ich nun die, daß Du mich verleumdest.

Ich habe Dich sehr geliebt, Albertina, das weißt Du, und Du hast Dich schlecht benommen, Du warst stumm, wenn ich Dich am meisten brauchte, so während der letzten Episode, als Du 1926 nicht *einen einzigen* meiner Briefe aus Llanquihue beantwortet hast.

Weder als Du Belgien verließest noch als Du wußtest, daß Du zurückkehren würdest, hast Du mich schriftlich aufgeklärt. Warum nur? Du wirst es wissen. Dein Brief aus Concepción, den ich mit zehn Monaten Verspätung erhielt, enthielt sonderbare Gründe. Als könntest Du ein solch langes Schweigen erklären.

Indes, vergessen wir endlich das Böse, das wir einander angetan haben und seien wir Freunde, seien wir hoffnungsvoll.

III.

REPUBLIK CHILE
Außenministerium

Santiago, 11. Juli 1932

Meine geliebte Albertina, ich habe Deinen Brief schon fast vor einem Monat beantwortet, und Du erwiderst nichts auf das, was ich Dich frage. Immer die gleiche, wie kann ich Vertrauen zu Dir haben? Rubén erzählt mir, Du habest ihm geschrieben, und warum keine Zeile an mich? Genau, genau wie früher!

Ich weiß, Du hast ihm gesagt, Du könntest nach Chillán kommen. Tu es nicht, ich bitte Dich. Komm nach Santiago. Es ist sehr leicht, eine Versetzung zu erlangen.

Wenn Du kommst, kommst Du dann im September? Es fällt mir so schwer, Dir zu schreiben, ich habe soviel mit Dir zu reden, Dir vorzuwerfen, Dir zu sagen. Ich denke jeden Tag an Dich, ich hatte gedacht, Du würdest mir jeden Tag einen Brief schreiben, aber Du bist genauso undankbar wie früher.

Ich kann immer noch nicht verstehen, was Dir in Europa passiert ist. Ich verstehe auch nicht, warum Du nicht kamst.

Warum schreibst Du mir nicht zum ersten Mal in Deinem Leben einen langen Brief und erzählst mir etwas?

Ich erwarte jetzt sofort Deinen Brief,

Pablo

Pablo Neruda

1973
Isla Negra

Nerudas Briefe an Angel Cruchaga Santa María

1.

ROTTERDAMSCHE LLOYD

Jabanq' (Sumatra)
8. Juni 1930

Nur ein paar Worte, mein bewunderter und lieber Angel[38], um Dir für Deinen überaus kurzen Brief zu danken. Das Schiff, das mich in meine neue Verbannung trägt, ist in Sumatra zwischengelandet. Von hier sende ich Dir einige Verse und ein Bild.

Es ist nicht wahr, daß ›La Nación‹ mir irgendwann einmal Geld geschickt hat.

Diebe!

Noch ist Deine unsichtbare Stadt nicht angekommen, es wäre ein Trost für mich gewesen, hätte ich soviel Einsamkeit mit Deinen eindrucksvollen Gedichten durchtränken können.

Meine neue Adresse ist: Konsul von Chile, Singapur, Straits Settlements, Malaysia.

Ich umarme Dich

Pablo
Neruda

2.

Batavia, Java, 26. Januar 1931

Geliebtester Angel, dank für Dein vollendet schönes Buch und Deinen Brief.[39] Ich schreibe etwas über Dich, das ich an ›Atenea‹ schicken will.[40]

Ich habe mich verheiratet. Tu mir den Gefallen und veröffentliche in angemessener Form dieses Bild meiner Frau in ›Zig-Zag‹. Dort befindet sich ein Negativ von mir.

Muß ich sagen, daß es nur darum geht, ihr einen Gefallen zu tun. Sie kennt Dich ja so gut. Du bist ein vertrautes Gesicht in diesem Hause.

Schicke mir bitte zwei Exemplare von ›Zig-Zag‹, in dem es erscheint.

Aber vergiß nicht, daß Du womöglich den Frieden eines Hauses zerstören könntest!
Rasend der Deine

Pablo
Neruda

3.

Batavia, Java, Februar 17/1931

Lieber Angel, hier schicke ich Dir einige für Dich geschriebene Zeilen. Verzeih, daß sie Deinem schönen Buch, für das ich Dir bereits Dank gesagt habe, so rettungslos unterlegen sind. Ich bitte Dich, den Artikel (sofern er Dir gefällt) Raul Silva Castro zu geben, der ihn in ›Atenea‹ veröffentlichen wird.

Wenn Du ihn anderswo veröffentlichen willst, kannst Du dies natürlich tun, doch schicke mir die Revue, die ihn bringt. Wenn Du so gut sein willst, sende mir auch die Nummer von ›Atenea‹, in der meine Arbeit mit dem Titel ›Nächtliche Sammlung‹ erschienen ist, hier bekomme ich nichts, ich lebe so himmlisch hinter dem Mond.

Hast Du das Foto meiner Frau an ›Zig-Zag‹ geschickt? Bitte schick mir zwei Exemplare dieser goldenen Zeitschrift.

Willst Du mir schreiben? Wieviel gäbe ich, Dich hier zu haben im schönen Ozeanien.

Das Leben meint es gut mit mir.

Grüße Rosamel del Valle[41], wenn Du ihn triffst,

Dein alter Freund

Pablo Neruda

Anmerkungen

OC	*Gesammelte Werke.* Ed. Losada, S. A. Buenos Aires, 2 Bde. Band I, 1967. Band II, 1968. dt. *Dichtungen 1919-1965.* 2 Bde. Luchterhand, 1967.
CG	*Canto General* dt. *Der Große Gesang*, op. cit., Bd. 1.
C	*Crepusculario* dt. *Buch der Morgendämmerungen*, op. cit., Bd. 1.
HE	*El Hondero Entusiasta* dt. *Der begeisterte Schleuderer*, op. cit., Bd. 1.
RI	*Residencia en la Tierra*, I dt. *Aufenthalt auf Erden* (1925-1931), op. cit., Bd. 1.
VP	*Veinte Poemas de Amor y una Canción desesperada* dt. *Zwanzig Liebesgedichte und ein Lied der Verzweiflung*, op. cit., Bd. 1.
OCI	*O'Cruzeiro Internacional.* Rio de Janeiro, 1962, *Las Vidas del poeta. Memorias y recuerdos de Pablo Neruda.* (Die Leben des Dichters. Memoiren und Erinnerungen Pablo Nerudas.)
IP	*Infancia y poesia* (*Kindheit und Dichtung.* Autobiographische Erinnerung, gelesen von Neruda im Ehrensaal der Universität von Chile. Santiago, Januar 1954).
CNR	*Cuaderno Neftalí Reyes: 1918-1920* (Heft Neftalí Reyes 1918-1920. Schulheft, zum größten Teil von Neruda geschrieben. Laura Reyes Candia, Schwester Nerudas väterlicherseits, bewahrt es).
M	*Confieso que he vivido.* Memorias. Ed. Losada, S. A. Buenos Aires 1974 (dt. *Ich bekenne, ich habe gelebt.* Memoiren. Luchterhand, 1974).
CIPN	*Conferencia inédita* Unpublizierter Vortrag, gesprochen von Neruda in der Universität von Chile, Januar 1954. Archiv Jorge Sanhueza. Santiago de Chile.

PN y NP	*Pablo Neruda y Nicanor Parra: Discursos*. Ed. Nascimento. Santiago de Chile, 1962 (Pablo Neruda und Nicanor Parra: Gespräche).
RM	Rodríguez Monegal, E.: *El viajero immóvil. Introducción a Pablo Neruda*. Ed. Losada, Bs. As. 1966 (Der unbewegliche Reisende. Einführung zu Pablo Neruda).
MIN	*Memorial de Isla Negra* (dt. *Memorial von Isla Negra*, op. cit., Bd. 2).

1 MIN. I »Donde nace la lluvia« OC. T. II, S. 493 (dt. Memorial von Isla Negra. Wo der Regen geboren wird, op. cit., Bd. 2, S. 343).
2 OCI.
3 IP. OC. T. I, S. 25.
4 OCI, 16. 1. 1962. Cf. auch IP. OC. T. I, S. 25.
5 IP. Id., S. 28.
6 CNR, S. 263.
7 MIN. I OC. T. II, S. 49
(dt. Memorial von Isla Negra. *Geburt*, op. cit., Bd. 2, S. 344 f.).
8 *Cuaderno Helios*. 1920 (*Heft Helios*, 1920. Gedichte von Pablo Neruda. S. 64). Erwähnt von Hernán Loyola: *Ser y morir en Pablo Neruda*. Ed. Santiago, 1967, S. 22 f. *(Sein und Sterben bei Pablo Neruda)*.
9 Ip. OC. T. I, S. 26.
10 CG. XV »Yo soy«. »La frontera« OC. T. I. S. 693 (dt. *Der große Gesang*. XV Ich bin. Die Grenze, op. cit., Bd. 1, S. 411).
11 Aus dieser Ehe stammen Laura und Rodolfo, beide Geschwister Nerudas väterlicherseits.
12 MIN. I. La mamadre. OC. T. II, S. 496 f.
(dt. I *Die Amme*, op. cit., Bd. 2, S. 346).
13 IP. OC. T. I., S. 30.
14 Id.
15 Id., S. 1.
16 Id., S. 30.
17 OCI. 16. 1. 1962.
18 Neruda: *Viajes*. Ed. Nascimiento. Santiago de Chile, 1955, S. 56 f. *(Reisen)*.
19 CNR. *El Liceo*, p. 268 *(Das Lyzeum)*.
20 Id., S. 35 f.
21 Original im Archiv Larraín. Cf. Brief 90.
22 Pablo Neruda seit Oktober 1920. So schreibt der Dichter, mit blauem Bleistift, auf der Rückseite des Deckels seines Heftes (Cuaderno Neftalí Reyes). Neruda selbst weist auf den Ursprung

dieses Pseudonyms in der franz. Zeitschrift *L'Express* hin. Die chilenische Wochenzeitschrift *Ercilla* reproduziert seine Ausführungen in der Ausgabe vom 27. Oktober bis 2. November 1971 mit dem Titel: »Der Nobelpreisträger von Isla Negra: Eines Tages, als ich mehr als gewöhnlich fürchtete, daß mein Vater die Wahrheit herausfinden würde – was eine Katastrophe gewesen wäre –, blätterte ich in einer Zeitschrift, in der eine Erzählung mit der Unterschrift Jan Neruda stand... Daraufhin nahm ich Neruda als zweiten Namen an und stellte Pablo davor. Ich dachte, es wäre für einige Monate.« Jan Neruda, auf den Neftalí Reyes anspielt, wurde am 10. Juli 1834 in Prag geboren und starb dort am 22. August 1891. Er war Dichter und Erzähler, Redakteur und Theater- und Literaturkritiker.

23 OCI.

24 CG. XV. *Yo soy* IV. *Compañeros de viaje* (1921), OC. T. I., S. 696 (dt. *Der große Gesang.* XV *Ich bin. Reisegefährten* (1921). op. cit., Bd. 1, S. 413).

25 MIN. II *La tierra en el laberinto* 1921. OC. T. II., S. 529 (dt. *Der Mond im Labyrinth*, op. cit., Bd. 2, S. 357).

26 CIPN.

27 MIN. II *Amores: la ciudad.* OC. T. II., S. 530 (dt. *Liebschaften: die Stadt*, op. cit., Bd. 2, S. 359).

28 Id. *Amores: Rosaura* (I). OC. T. II, 535-539 (dt. *Rosaura* I, op. cit., Bd. 2, S. 360).

29 Lago, Tomás: *Allá por el año veintitantos...* Zeitschrift *Pro-Arte.* Santiago de Chile, Juli 1954 *(Dort in den zwanziger Jahren...).*

30 MIN. I. *El primer mar.* OC. T. II., S. 499 (*Das erste Meer* – fehlt in der dt. Ausgabe).

31 *Viaje por las costas del mundo.* OC. T. II., S. 38 (*Reise an den Küsten der Welt* – fehlt).

32 *Cien sonetos de amor. Mediodía. Poema XXXIII.* OC. T. II, S. 306 (dt. *Hundert Liebessonette.* Auswahl. op. cit., Bd. 2, S. 255 ff. Das zitierte Gedicht fehlt).

33 *Navegaciones y regresos. Oda frente a la isla de Ceilán.* OC. T. II, S. 232 (dt. *Seefahrt und Rückkehr.* Auswahl. op. cit., Bd. 2, S. 241 ff. Die zitierte Ode fehlt).

34 Original im Archiv Larraín. Cf. Brief 103.

35 Die Zeitung von Temuco »La mañana« (»Der Morgen«) wurde in diesen Jahren von Orlando Masson geleitet, einem Onkel des Dichters. Die Zeitschrift »Claridad« (Klarheit) wurde vom Chilenischen Studentenbund herausgegeben und zeichnete sich durch ihren Geist gesellschaftlicher und ideologischer Avantgarde aus. Hier erschienen 108 Schriften Nerudas zwischen 1920 und 1926.

36 G. Krassky, in »Diccionario Literario…« (Literarisches Lexion…) von González Porto-Bompiani. T. VIII, S. 415 f. Montaner y Simón, S. A., Barcelona 1959.

37 Original im Archiv Larraín. Cf. Brief 90.

38 *Nombre de un muerto* (Name eines Toten), in der Leitung La Nación. Santiago de Chile, Sonntag, 20. Mai 1928.

39 Alone: *Apuntes…* (Skizzen), Original in unserem Archiv.

40 Original in unserem Archiv. Cf. Brief 1.

41 CG. XIV *El gran océano: XIII. Las puertas*. OC. T. II, S. 674 (dt. Der große Gesang. XIV *Der große Ozean. Die Häfen*. op. cit., Bd. 1, S. 395-399 [S. 398 wird zitiert]).

42 Original im Archiv Larraín. Cf. Brief 28.

43 Neruda, Pablo: *Confieso que he vivido*. Ed. Losada, Bs. As. 1974 (dt. *Ich bekenne, ich habe gelebt. Memoiren*. Luchterhand, 1974).

44 *El Mercurio* (Der Merkur). Berühmte und älteste amerikanische Tageszeitung, die am 11. September 1974, dem 146. Jahrestag ihrer Gründung, die Ausgabe No. 50 000 herausbrachte.

45 Original im Archiv Larraín. Cf. Brief 35.

46 Original im Archiv Larraín. Cf. Brief 87.

47 IP. OC. T. I, S. 26 f.

48 Márquez, Omel: »Charlas literarias con don Pedro Prado«. (Literarische Gespräche mit don Pedro Prado). Gespräch über Pablo Neruda. Universität von Chile. 18. August 1928.

49 Concepción ist die Hauptstadt der chilenischen Provinz gleichen Namens. Sie liegt auf dem rechten Ufer des großen Flusses Bío-Bío im Süden. Lota ist eine Hafenstadt der Provinz Concepción; sie unterteilt sich in zwei Stadtteile: Lota-Alto, auf den Hügeln gelegen mit Blick aufs Meer; Lota Bajo, in der Ebene.

50 Loyola, Hernán: *Los modos de autorreferencia en la obra de Pablo Neruda.* Revista *Aurora*, no. 3-4. Juli-Dezember 1946, S. 73 (Die verschiedenen Weisen der eigenen Referenzen im Werk von Pablo Neruda).

51 *La Barcarola. Corona del archipiélago para Rubén Azócar.* OC. T. II., S. 785 (fehlt in der dt. Ausgabe).

52 Id.

53 Oyarzún Garcés, Orlando: *Testimonio*. Revista *Aurora*, no. 3-4, Juli-Dezember 1964, S. 239.

54 CG. VII. *Canto general de Chile*. XIV. *Tomás Lago*. OC. T. I., p. 546 (dt. *Der große Gesang. 7 Chiles großer Gesang. Tomas Lago*, op. cit., Bd. 1, S. 311).

55 MIN. Rangún, 1927. OC. T. II, S. 545 (dt. *Memorial von Isla Negra. Rangun 1927*, op. cit. Bd. 2, S. 369).

56 OCI. 1. April 1962, Kap. 6 *En Ceylán la soledad luminosa* (Lichtvolle Einsamkeit in Ceylon).

57 *Diurno de Singapore*. Zeitung *La Unión.* Santiago de Chile, 5. Februar 1928. OC. T. II., S. 1032 (Tagesablauf von Singapur), fehlt in der dt. Ausgabe.

58 *Inaugurado el año de Shakespeare* (Nach Beginn des Shakespeare-Jahres). Vortrag in der Bibliothek National von Santiago de Chile, 1964. OC. T. II., S. 113.

59 *Diurno de Singapore*, bereits zitiert.

60 Concha, Edmundo: *Introducción a la poesía de Pablo Neruda* (Einführung in die Poesie von Pablo Neruda). Revista *Anales de la Universidad de Chile*. Juli-September 1964. No. 131, S. 166-172.

61 Alone. Original in unserem Archiv.

62 PN y NP., S. 55 f.

63 M., S. 67 (dt. S. 65).

64 Originalbrief im Archiv Larraín.

65 PN y NP, S. 55 f.

66 Id., S. 55 f. (fehlt im Text, auf 65 folgt 67).

67 MIN. II. OC. T. II, p. 529 (Gedicht fehlt in der dt. Ausgabe).

68 Original im Archiv Larraín. Cf. Brief 33.

69 CIPN.

70 OCI. Die gleiche Version und in den gleichen Worten wird von

Neruda in seinen letzten Tagen wiederholt. Cf. M., S. 71 (dt. Ich bekenne, ich habe gelebt, S. 68).

71 RM, S. 49.

72 Alonso, Amado: *Poesía y estilo de Pablo Neruda* (Poesie und Stil von Pablo Neruda). Ed. Sudamericana, Bs. As. 1968.

73 Santander, Carlos: *Amor y temporalidad en »Veinte poemas de amor«* (Liebe und Zärtlichkeit in »Zwanzig Liebesgedichte«). Zeitschrift *Anales de la Universidad de Chile*. No. 157-160. Jan.-Dezember 1961, S. 91-105.

74 Cf. id. S. 94.

75 Neruda, Pablo: *Album Terusa. 1923.* Unveröffentlichte Texte aus der Jugend, vorgestellt von Hernán Loyola. Zeitschrift *Anales de la Universidad de Chile*. No. 157-160. Jan.-Dez. 1961. S. 45-55.

76 Silva Castro, Raúl: *Retratos literarios* (Literarische Portraits). Ed. Ercilla. Santiago de Chile, 1932, S. 206. Silva Castro (1903-1970), eifriger Historiker und »einer der bedeutendsten und gelehrtesten Kritiker Chiles«, war großer Kenner des Werkes Nerudas, dem er 1964 einen hervorragenden Essay widmete: *Pablo Neruda* (Ed. Universitario, Santiago de Chile).

77 Original im Archiv Larraín. Cf. Brief 3.

78 Alazraki, Jaime: *Poética y prosa de Pablo Neruda* (Poetik und Prosa von Pablo Neruda). Las Américas Publishing Co. New York, 1965, S. 75.

79 Cardona Peña, Alfredo: *Pablo Neruda y otros ensayos* (Pablo Neruda und andere Essays). Ed. De Andrea, Mexico, 1955, S. 187.

80 Original im Archiv Larraín. Cf. Brief 90.

81 Osses, Mario: *Trinidad Poética de Chile: Angel Cruchaga Santa María, Gabriela Mistral y Pablo Neruda.* Sonderdruck der Zeitschrift *Conferencia.* Universidad de Chile. No. 6-9. Juni-Dezember 1947, S. 63.

82 Id., S. 65.

83 *Vendimia.* Organo de la Asociación Provincial de Educación. Ano 1. Nov. 1963. No. 2. Imprenta Moderna. La Serena. Chile, p. 101 (Monatszeitschrift für Kunst, Kritik und Soziologie).

84 Original im Archiv Larraín. Cf. Brief 3.

85 Originale im Archiv Larraín. Cf. Briefe. 10, 4 und 21.

86 CIPN.

87 VP. Ed. Losada (Bibl. Contemporánea), Bs. As. 1961 (Gedächtnisausgabe von 1 000 000 Exemplaren, mit Prolog des Autors).

88 CIPN.

89 Id.

90 Original im Archiv Larraín. Cf. Brief 91.

91 PN y NP.

92 Cardona Peña, Alfredo: *Pablo Neruda: Breve historia de sus libros*, in: Cuadernos americanos, México, Dez. 1950. Reproduziert und erweitert in *Pablo Neruda y otros ensayos*. Ed. De Andrea, México 1955.

93 Loyola, Hernán: *Antología esencial*. Ed. Losada, Bs. As. 1971, S. 324.

94 Concha, Jaime: *Proyección de ›Crepusculario‹ (Grundriß des Buches der Morgendämmerungen)*. Zeitschrift *Atenea*. Univ. de Concepción. Chile. Año XLII, No. 408, April-Juni, 1965, S. 207.

95 Sicard, Alain: *La eternidad en el instante: Un análisis de ›Tentativa del hombre infinito‹ (Die Ewigkeit im Augenblick*. Eine Analyse von ›Versuch des unendlichen Menschen‹). Zeitschrift *Anales de la Universidad de Chile*. No. 157-160. Jan-Dez. 1971, S. 107.

96 Diez Echarri y Roca Franquesa: *Historia de la Literatura Española e Hispanoamericana*. Aguilar, Madrid 1960, S. 1346.

97 Cf. Brief 91.

98 Loyola, Hernán: *Itinerario de Pablo Neruda*. Zeitschrift *Anales de la Universidad de Chile*, No. 157-160, Jan.-Dez. 1971, S. 12.

99 *El hondero entusiasta*. 1923-1924 *(Der begeisterte Schleuderer)*. Empresa Editora Letras (Cuadernos de Poesía 2), Santiago de Chile, 1923.

100 Neruda, Pablo: *Algunas reflexiones improvisadas sobre mis trabajos*. Zeitschrift *Mopocho*. T. II., No. 3, 1964, S. 170 *(Einige improvisierte Überlegungen über meine Arbeiten)*.

101 Briefe von Neruda an Alone. Originale in unserem Archiv.

102 Osses, Mario: op. cit., S. 61.

103 Id., S. 62.

104 Cf. *Album Terusa* (bereits zitiert). Zeitschrift *Anales de la Universidad*, No. 157-160, S. 52.

105 RM, S. 49 f.

106 Loyola, Hernán: *Antología esencial*, op. cit., S. 9.
107 RM, S. 44.
108 CIPN.
109 C. *Helios. Inicial.* OC. T. I., S. 41 (dt. Gedicht fehlt).
110 Id.
111 Id. *Sensación de olor.* OC. T. I., S. 44 (dt. Gedicht fehlt).
112 Id. *El estribillo del turco.* OC. T. I., S. 48 (dt. Gedicht fehlt).
113 C. *Farewell y los sollozos. Aromos rubios en los campos de Loncoche.* OC. T. I., S. 58 (dt. Gedicht fehlt).
114 C. *Los crepúsculuos de Maruri. Amigo.* OC. T. I., S. 61 (dt. fehlt).
115 Id. *Mujer, nada me has dado.* OC. T. I., S. 68.
116 C. *Ventana al camino. Sinfonía de la trilla.* OC. T. I., S. 72 (dt. fehlt).
117 VP. No. 3. OC. T. I., S. 88 (dt. fehlt).
118 Id. No. 18 OC. T. I., S. 101 (dt. Hier liebe ich dich, op. cit., Bd. 1, S. 42).
119 *El habitante y su esperanza.* Prólogo. OC. T. I., S. 121 (dt. *Der Einwohner und seine Hoffnung*, op. cit., Bd. 1, S. 49, Vorwort fehlt).
120 HE. Advertencia del autor. OC. T. I., S. 155 (dt. fehlt).
121 *La canción y la fiesta.* OC. T. II., s. 1009 (dt. fehlt).
122 OCI (I-IV, 1962).
123 RI. *Galope muerto.* OC. T. I., S. 173 (dt. *Toter Galopp*, op. cit., Bd. 1, S. 58).
124 Id. *Alianza* (sonata). OC. T. I., 174 (dt. *Vereinigung [Sonate]*, op. cit., Bd. 1, S. 59).
125 Id. *Caballo de los sueños.* OC. T. I., S. 175 (dt. *Pferd der Träume*, op. cit., Bd. 1, S. 60).
126 Id. *Débil del alba.* OC. T. I., S. 176 (dt. *Des Morgens Schwäche*, op. cit., Bd. 1, S. 61).
127 Id. *Unidad.* OC. T. I, S. 177 (dt. *Einheit*, op. cit., Bd. 1, S. 62).
128 Id. *Ausencia de Joaquín.* OC. T. I, S. 178 (dt. fehlt).
129 Id. *Colección nocturna.* OC. T. I, S. 182 (dt. *Nächtliche Sammlung*, op. cit., Bd. 1, S. 65).
130 Id. *Juntos nosotros.* OC. T. I, S. 184 (dt. *Wir zusammen*, op. cit., Bd. 1, S. 67).

131 Id. *Tiranía.* OC. T. I, S. 185 (dt. *Tyrannei*, op. cit., Bd. 1, S. 68).

132 Id. *Sistema sombrío.* OC. T. I, S. 189 (dt. *Düsteres System*, op. cit., Bd. 1, S. 72).

133 Id. *La noche del soldado.* OC. T. I, S. 193 (dt. *Die Nacht der Soldaten*, op. cit, Bd. 1, S. 75).

134 Id. *El deshabitado.* OC. T. I, S. 195 (dt. *Der Unbehauste*, op. cit., Bd. 1, S. 78).

135 Id. *Entierro en el Este.* OC. T. I, S. 197 (dt. *Leichenbegängnis im Osten*, op. cit., Bd. 1, S. 79).

136 Id. *Caballero solo.* OC. T. I, S. 199 (dt. *Einsamer Herr*, op. cit., Bd. 1, S. 80).

137 Id. *Ritual de mis piernas.* OC. T. I, S. 200 (dt. *Liturgie meiner Beine*, op. cit., Bd. 1, S. 82).

138 Id. *El fantasma del buque de carga.* OC. T. I, S. 202/3 (dt. *Das Gespenst des Frachtschiffs*, op. cit., Bd. 1, S. 83).

139 Id. *Tango del viudo.* OC. T. I, S. 204 (dt. *Der Tango des Witwers*, op. cit., Bd. 1, S. 85).

140 Id. *Cantares.* OC. T. I, S. 205 (dt. *Gesang*, op. cit., Bd. 1, S. 87).

141 Teitelboim, V.: *Algo sobre los 50 años de Pablo Neruda (Etwas über die 50 Jahre von Pablo Neruda).* Zeitschrift *Capricornio*, No. 6, Bs. As. 1954.

142 Aguirre, Margarita: *Las vidas de Pablo Neruda.* Ed. Zig-Zag, S. A., Santiago de Chile, 1967, S. 165.

143 *Ehrenburg. Mencionado por Margarita Aguirre*, op. cit., S. 167 *(Ehrenburg. Erwähnt von…).*

144 Alonso, Amado: op. cit., S. 19 f.

145 OIT (I-IV) 1962.

146 Cartas de Neruda a Héctor Eandi. Cf. M. Aguirre, op. cit., S. 177-181 (Briefe von Neruda an H. Eandi).

147 Cardona Peña, Alfredo: *Pablo Neruda: Breve historia de sus libros (P. Neruda: Kurze Geschichte seiner Bücher).* Zeitschrift *Cuadernos Americanos.* México, Dez. 1950, S. 257-289.

148 Id.

149 Carta de Neruda a Eandi. Rangún, 8. Sept. 1928.

150 Id. Ceilán, Wellawatta, 21. Nov. 1929.

151 Id. S. S. Markara, Bengala Bay, 16. Jan. 1928.

152 Id. Rangún, 11. Mai 1928.
153 Id.
154 Id. Colombo, 24. April 1929.
155 Id. Ceilán, Wellawatta, 21. Nov. 1929.
156 Id. Ceilán, 27. Februar 1930.
157 Id. Batavia, Java, 5. Sept. 1931.
158 OCI.
159 Cartas de Neruda a Eandi. Ceilán, Wellawatta, 5. Okt. 1929.
160 Comunicación de Neruda a Albertina Rosa Azócar. Original in unserem Archiv. Cf. Brief 103 (Nachricht Nerudas an...).
161 Osses, Mario: Op. cit., S. 73.
162 Id. S. 76.
163 Undurraga, Antonio de: *Atlas de la Poesía de Chile*. Ed. Nascimento, Santiago de Chile, 1958, S. 307.
164 Valbuena Briones, Angel: *Historia de la literatura Española*. T. V. *Literatura Hispanoamericana*. Ed. Gustavo Gili, S. A., Barcelona 1969, S. 465.
165 Ferrero, Mario: *Premios Nacionales de Literatura*. Ed. Zig-Zag, S. A., Santiago de Chile, 1962, S. 82.
166 Valbuena Briones: op. cit., S. 465.
167 Ferrero, Mario: op. cit., S. 86.
168 Aguirre, Margarita: op. cit., S. 164.
169 RM., S. 75.
170 Id., S. 202 f.
171 Alonso, Amado: op. cit., S. 27.
172 Zwei Jahre später, am 15. September 1933, gibt Cruz y Raya, Ed. del Arbol de Madrid, dem Publikum zwei Bände:
1) Residencia en la Tierra: 1925-1931 (180 p).
2) Residencia en la Tierra: 1931-1935 (180 p).
Schließlich noch einen dritten Band: Residencia en la tierra: 1935-1945 (111 S.), der in Buenos Aires von dem Verlag Losada am 15. August 1947 publiziert wird, mit Vignetten auf dem Titelblatt von Raúl Soldi.
173 Brief Nerudas an Albertina Rosa. Colombo, 17. Dez. 1929. Original in unserem Archiv. Cf. Brief 101.
174 Original in unserem Archiv. Cf. Brief 102.

175 Brief Nerudas an Albertina Rosa. Colombo, 19. Dez. 1929. Original in unserem Archiv. Cf. Brief 104.

176 Telegramm Nerudas an Albertina Rosa. Weihnachten 1929. Original in unserem Archiv. Cf. 105.

177 Die Universität von Concepción ist eine der bedeutendsten in Chile. Albertina Rosa lehrte hier mehrere Jahre lang.

178 Brief Nerudas an Albertina Rosa. Colombo, 12. Jan. 1930. Original in unserem Archiv. Cf. Brief 106.

179 Id. Wallawatta, 12. Januar 1930. Original in unserem Archiv. Cf. Brief 107.

180 Id. In Chile geschrieben, ohne Datum. Original in unserem Archiv. Cf. Brief 108.

181 Aguirre, Margarita: op. cit., S. 187.

182 Brief Nerudas an Angel Cruchaga Santa María. Batavia, Java, 26. Januar 1931. Original in unserem Archiv. Cf. Brief 2.

183 Id. Batavia, 17. Feb. 1931. Original in unserem Archiv. Cf. Brief 3.

184 R. I. *Lamento lento*. OC. T. I, S. 181 (dt. fehlt).

185 Brief Nerudas an Albertina Rosa, im Außenministerium geschrieben, Chile 1932. Original in unserem Archiv. Cf. Brief 109.

186 Id. Santiago, 15. Mai 1932. Original in unserem Archiv. Cf. Brief 110.

187 Id. Santiago, 11. Juli 1932. Original in unserem Archiv. Cf. Brief 111.

188 Loyola, Hernán: op. cit., S. 127.

189 Id. *Antología esencial*, S. 20.

190 Original in unserem Archiv.

191 Exemplar in unserem Archiv.

192 CG. XV. *Yo soy*. V. *La estudiante (1923)*. OC. T. I, S. 539 ff. (dt. *Die Studentin*, op. cit., Bd. 1, S. 414).

193 MIN. II. *La luna en el laberinto*. *Amores: Rosaura II*. S. 539 ff. (dt. *Rosaura II*, op. cit., Bd. 2, S. 364).

194 Id. 1921. OC. T. I, S. 529 (dt. fehlt).

Die Übersetzung der nach der Luchterhand-Ausgabe zitierten Gedichtstellen stammt von Erich Arendt.

1 Dieser Brief wurde in Südchile geschrieben, in Puerto Saavedra, an der Mündung des Flusses Imperial, dem Landstrich, wo seine besten Jugendgedichte entstanden.

2 Das von Neruda erwähnte vergilbte trostlose Dorf ist die heute blühende Stadt Temuco, Schauplatz der Kindheit und Jugend des Dichters.

3 In obigem P. S. bezieht Neruda sich auf den chilenischen Dichter und Schriftsteller Rubén Azócar Soto, Lieblingsbruder Albertina Rosas. Sein Name wird in diesem Briefwechsel häufig erscheinen.

4 Tomás Lago: bekannter Fachmann chilenischer Folklore. Veranstaltet 1935 im Museum der Schönen Künste von Santiago die erste Ausstellung chilenischer Volkskunst. Unter seinen Werken seien hervorgehoben ›El Huaso‹, sozialanthropologischer Essay; ›Chilenische Volkskunst‹, 1959, und ›Anillos‹, 1926, in Zusammenarbeit mit Neruda geschrieben, als er mit ihm und Orlando Oyarzún Garcés gemeinsam in der Calle García Reyes, 25 (Santiago), wohnte.

5 Tom: Tomás Lago. Außer den erwähnten Werken hat Lago großartige Lebensbilder von Neruda geliefert: »Pablo Neruda. Auf der Spur eines Profils« (Zeitschrift ›Antártica‹ No. 10-11, Juli 1945) und »Neruda zur Zeit von ›Buch der Morgendämmerungen‹« (Zeitschrift ›Pro Arte‹, 9. 12. 48). Er arbeitet augenblicklich an Erinnerungen über den Dichter.

6 Pino: Yolando Pino Saavedra, bekannter chilenischer Folklorist. Verfasser von »Chilenische Folklore-Erzählungen« und anderen Essays ähnlicher Art.

7 Ricardo: Neruda; ausnahmsweise unterschreibt er diesen Brief mit seinem Taufnamen: Ricardo Eliecer.

8 Rp: Auf das Rezeptformular eines Arztes, fraglos seines Freundes Dr. Juan Gandulfo, geschriebener Brief, dem er sein erstes Werk widmet: ›Buch der Morgendämmerungen‹.

9 Das ›Gedicht der Abwesenden‹ erschien außerdem in der Zeitschrift ›Claridad‹, No. 106, vom 22. 9. 23, Santiago.

10 Arabella: In der Nummer 92 von ›Claridad‹ (16. 6. 23) erscheint ein Prosastück Nerudas mit diesem Titel.

11 Yolando: der bereits erwähnte Yolando Pino Saavedra.

12 Handgeschriebener Brief auf grünem Papier.

13 Pola Negri: Neruda war stets ein begeisterter Bewunderer der berühmten polnischen Schauspielerin, geboren am 3. Januar 1897 in Bromberg. Im Jahre 1923 war sie die beliebteste Filmschauspielerin Hollywoods.

14 Paschin: Kosename für Abelardo Bustamante, einen Mann von großen künstlerischen Gaben: Maler, Keramiker, Graveur, Schnitzer, Eisenschmied.

15 Hafen: Valparaíso. Neruda besingt es: Valparaíso riecht / nach wildem Hafen / riecht nach Schatten, nach Sternen / nach Mondschuppen / und nach Fischschwänzen.

16 Vicha: Vicenta Vidal Oltra, Frau des chilenischen Schriftstellers und Politikers Manuel Eduardo Hübner. Luz: Luz Olguín, Studiengefährtin Albertinas im Französischkurs des Instituto Pedagógico der Universität Chile, Santiago.

17 *Sascha Jegulew* von Leonidas Andrejew, einem der charakteristischsten russischen Schriftsteller vom Ende des neunzehnten und Beginn des zwanzigsten Jahrhunderts. Nerudas Begeisterung für diese Gestalt brachte ihn dazu, mehrere Artikel mit dem Pseudonym Sascha Jegulew zu unterzeichnen.

18 B. Garín: Blanca Garín, Tochter der Pensionsbesitzerin, bei der Albertina Rosa in Santiago wohnte.

19 Machela: Schwester von Teresa González, wie Teresa in dem Brief erwähnt; beide jungen Mädchen wohnten in Talcahuano, einem Hafen in der Bucht gleichen Namens, nordöstlich von Concepción. Adelina: Albertina Rosas Schwester. Die übrigen Namen sind zwar nicht zu identifizieren, aber offensichtlich die von Bekannten oder Freunden Nerudas und Albertinas.

20 Etelvina: Albertina Rosas ältere Schwester.

21 ›Es dämmert‹: Ein Prosastück, erschienen am 21. 12. 24 in ›El Mercurio‹ in Santiago.

22 Winett: Winett de Rokha (1896-1951), Frau von Pablo de Rokha. Seine Dichtung zeichnet sich durch soziale Akzentsetzung

aus. Er schrieb häufig unter dem Pseudonym Juana Inés de la Cruz.

23 Sala Mercedes: eine der vielen Säle von Santiagos El Salvador-Hospital, wo Albertina Rosa lange unter ärztlicher Beobachtung lag.

24 Rokha: Pablo de Rokha, Pseudonym des chilenischen Dichters Carlos Díaz Loyola (1894-1960). Nationalpreis der Literatur 1965. Streitbar, schroff, focht er bittere Kämpfe mit Neruda aus.

25 Giraudoux: Jean Giraudoux (1882-1944), der für den Menschen »das Recht forderte, auf dieser Erde ein wenig allein zu sein«.

26 Ranquilco: Bescheidener Weiler in der Provinz Cautín, Chile, bekannt für seine sozialen Kämpfe.

27 Isla de la Mocha: Im Pazifischen Ozean gelegen, gehört sie zur chilenischen Provinz Arauco.

28 Billiken: In Argentinien erscheinende Kinderzeitschrift.

29 Osorno: Hauptstadt der gleichnamigen Südprovinz. Ancud: Hauptstadt der Provinz Chiloé auf der Isla Grande des gleichnamigen Archipels.

30 Beide Briefe hängen mit der Reise zusammen, die Neruda in den Süden Chiles, in den Archipel Chiloé, unternahm, wo er mit Rubén, Albertina Rosas Bruder, mehrere Monate verbrachte. Albertina ist trotz des Dichters Drängen nicht mitgefahren.

31 Augusto Winter (1868-1927): Diesem zarten chilenischen Dichter, den Neruda als junger Mann kennenlernte, widmet er ein herrliches Gedicht in ›Sumario‹, Turin, 1963.

32 Caballo de Bastos: »Im Jahre 1925 gründete ich das sogenannte Caballo de Bastos. Es war die Zeit, als wir interpunktionslos schrieben...«, erzählt der Dichter in seinen Memoiren.

33 Das Buch über Totilas Bildhauerarbeiten: Anspielung auf den chilenischen Künstler Totila Albert Schneider, der lange in Deutschland lebte. Er trat als Bildhauer, Aquarellist und Musiker hervor.

34 L. Andes: Santa Rosa de Los Andes, Stadt in der Gegend von Aconcagua, im Mittelteil Chiles.

35 Molina: Enrique Molina Garmendia (1871-1965), Rektor der Universität Concepción, Philosoph und Schriftsteller.

36 Die Frau von Alberto Rojas: Anspielung auf die Ehefrau von Alberto Rojas Jiménez. Nerudas Bohemegenosse, dem er nach dessen Tod das berühmte Gedicht ›Alberto Rojas Jiménez naht im Fluge‹ widmet.

37 Bezieht sich auf ›Aufenthalt auf Erden, I‹. Wie in der Einführung erwähnt, erschien das Werk zuerst in Chile 1933 bei Nascimento und erst 1935 in Spanien.

38 Angel Cruchaga Santa María: der spätere Ehemann Albertinas.

39 Betrifft Cruchagas Gedichtsammlung ›Eifer des Herzens‹.

40 ›Atenea‹: Monatszeitschrift der Wissenschaften, Literatur und Künste, herausgegeben von der Universität Concepción. Sie besteht seit 1924 und hält bis heute ihren hohen Ruf aufrecht. In der Nummer 75/76 (Mai/Juni 1931) erscheint Nerudas Aufsatz I ›Einführung in die Poesie von Angel Cruchaga‹, unterzeichnet: Java, Februar 1931.

41 Rosamel del Valle (1900): Chilenischer lyrischer Dichter, Nationalpreis der Literatur. Arbeitete mit Neruda im ›Caballo de Bastos‹ zusammen.

Italienische und spanische Literatur im insel taschenbuch

Die Wahrheiten des G. G. Belli. Römer, Huren und Prälaten. Eine Auswahl seiner frechen und frommen Verse. Vorgestellt und aus dem Italienischen übertragen von Otto Ernst Rock. it 754

Die Blümlein des heiligen Franziskus von Assisi. Aus dem Italienischen nach der Ausgabe der Tipografia Metastasio, Assisi 1901, von Rudolf G. Binding. Mit Initialen von Carl Weidemeyer. it 48

Boccaccio: Das Dekameron. Mit 110 Holzschnitten der italienischen Ausgabe von 1492. Deutsch von Albert Wesselski. Mit einer Einleitung von André Jolles. Zwei Bände in Kassette. it 7/8

Roberto Calasso: Die Hochzeit von Kadmos und Harmonia. Aus dem Italienischen von Moshe Kahn. it 1476

Benvenuto Cellini: Leben des Benvenuto Cellini florentinischen Goldschmieds und Bildhauers. Von ihm selbst geschrieben, übersetzt und mit einem Anhange herausgegeben von Johann Wolfgang Goethe. Mit einem Nachwort von Harald Keller. it 525

Miguel de Cervantes Saavedra: Die Novellen. Übersetzt von Konrad Thorer. it 1007

– Der scharfsinnige Ritter Don Quixote von der Mancha. 3 Bde. Mit einem Essay von Iwan Turgenjew und einem Nachwort von André Jolles. Mit Illustrationen von Gustave Doré. Textrevision nach der anonymen Ausgabe 1837 von Konrad Thorer. it 109

Hernán Cortés: Die Eroberung Mexikos. Drei Berichte von Hernán Cortés an Kaiser Karl V. Mit 112 Federlithographien von Max Slevogt. Übersetzungen von Mario Spiro und C. W. Koppe. Herausgegeben von Claus Litterscheid. it 393

Dante: Die Göttliche Komödie. Mit fünfzig Holzschnitten von Botticelli. Deutsch von Friedrich Freiherr von Falkenhausen. 2 Bde. it 94

Federico García Lorca: Die dramatischen Dichtungen. Deutsch von Enrique Beck. it 3

Juan Ramón Jiménez: Platero und ich. Andalusische Elegie. Aus dem Spanischen übertragen und mit einem Essay versehen von Fritz Vogelgsang. it 1456

Bartolomé de Las Casas: Kurzgefaßter Bericht von der Verwüstung der Westindischen Länder. Herausgegeben von Hans Magnus Enzensberger. Deutsch von D. W. Andreä. it 553

Machiavelli für Manager. Sentenzen. Ausgewählt von Luigi und Elena Spagnol. it 1733

Niccolò Machiavelli: Der Fürst. Aus dem Italienischen von Friedrich von Oppeln-Bronikowski. Mit einem Nachwort von Horst Günther. it 1207

168/1/3.95

Englische und amerikanische Literatur im insel taschenbuch

Elizabeth von Arnim: Alle meine Hunde. Aus dem Englischen von Karin von Schab. it 1502
- April, May und June. Aus dem Englischen von Angelika Beck. it 1722
- Einsamer Sommer. Roman. Aus dem Englischen von Leonore Schwartz. Leinen
- Elizabeth und ihr Garten. Aus dem Englischen von Adelheid Dormagen. it 1293 und Goßdruck. it 2338
- Der Garten der Kindheit. Aus dem Englischen von Leonore Schwartz. BS 1184
- Jasminhof. Roman. Aus dem Englischen von Helga Herborth. it 1677
- Liebe. Roman. Aus dem Englischen von Angelika Beck. it 1591
- Die Reisegesellschaft. Roman. Aus dem Englischen von Angelika Beck. Leinen und it 1763
- Sallys Glück. Aus dem Englischen von Schama Schahadat. it 1764
- Vater. Roman. Aus dem Englischen von Anna Marie von Welck. it 1544
- Vera. Roman. Aus dem Englischen von Angelika Beck. Leinen
- Verzauberter April. Roman. Aus dem Englischen von Adelheid Dormagen. Mit Fotos aus dem gleichnamigen Film. it 1538
- Verzauberter April. Roman. Aus dem Englischen von Adelheid Dormagen. Großdruck. it 2346

Jane Austen: Die Abtei von Northanger. Aus dem Englischen von Margarete Rauchenberger. Mit Illustrationen von Hugh Thomson. it 931
- Anne Elliot. Aus dem Englischen von Margarete Rauchenberger. Mit Illustrationen von Hugh Thomson. it 1062
- Emma. Aus dem Englischen von Charlotte Gräfin von Klinckowstroem. Mit Illustrationen von Hugh Thomson. it 511 und it 1631
- Lady Susan. Ein Roman in Briefen. Aus dem Englischen von Angelika Beck. Mit zwei Romanfragmenten: Die Watsons. Sanditon. Aus dem Englischen von Elizabeth Gilbert. it 1192
- Lady Susan. Ein Roman in Briefen. Aus dem Englischen von Angelika Beck. Großdruck. it 2331
- Mansfield Park. Aus dem Englischen von Angelika Beck. Mit Illustrationen von Hugh Thomson. it 1503
- Stolz und Vorurteil. Aus dem Englischen von Margarete Rauchenberger. Mit Illustrationen von Hugh Thomson und mit einem Essay von Norbert Kohl. it 787
- Verstand und Gefühl. Roman. Aus dem Englischen von Angelika Beck. Mit Illustrationen von Hugh Thomson. it 1615

153/1/3.95

Englische und amerikanische Literatur im insel taschenbuch

Francis Bacon: Essays. Herausgegeben und mit einem Nachwort versehen von Helmut Winter. it 1514

Glen Baxter: Die Billardtisch-Morde. Ein Gladys-Babbington-Morton-Rätsel. Aus dem Englischen übersetzt von Christoph Groffy. it 1607

Harriet Beecher-Stowe: Onkel Toms Hütte. In der Bearbeitung einer alten Übersetzung. Herausgegeben und mit einem Nachwort versehen von Wieland Herzfelde. Mit 27 Holzschnitten von George Cruikshank aus der englischen Ausgabe von 1852. it 272

Ambrose Bierce: Aus dem Wörterbuch des Teufels. Auswahl, Übersetzung und Nachwort von Dieter E. Zimmer. it 440

– Mein Lieblingsmord. Erzählungen. Mit einem Nachwort von Edouard Roditi. Aus dem Amerikanischen von Gisela Günther. it 39

Anne Brontë: Agnes Grey. Aus dem Englischen von Elisabeth von Arx. it 1093

– Die Herrin von Wildfell Hall. Roman. Aus dem Englischen neu übersetzt von Angelika Beck. it 1547

Charlotte Brontë: Erzählungen aus Angria. Aus dem Englischen von Michael Walter und Jörg Drews. it 1285

– Jane Eyre. Eine Autobiographie. Aus dem Englischen von Helmut Kossodo. Mit einem Essay und einer Bibliographie herausgegeben von Norbert Kohl. it 813

– Shirley. Aus dem Englischen von Johannes Reiher und Horst Wolf. it 1145

– Über die Liebe. Herausgegeben von Elsemarie Maletzke. Übertragen von Eva Groepler und Hans J. Schütz. it 1249

– Villette. Roman. Aus dem Englischen von Christiane Agricola. it 1447

Emily Brontë: Die Sturmhöhe. Aus dem Englischen von Grete Rambach. it 141, it 1633 und Großdruck. it 2348

Charlotte Brontë: Der Professor. Aus dem Englischen von Gottfried Röckelein. it 1354

Charles Brockden Brown: Wieland oder Die Verwandlung. Aus dem Amerikanischen von Friedrich Polakovics. it 1686

Edward George Bulwer-Lytton: Die letzten Tage von Pompeji. Aus dem Englischen von Friedrich Notter. it 801

Lewis Carroll: Alice hinter den Spiegeln. Mit einundfünfzig Illustrationen von John Tenniel. Übersetzt von Christian Enzensberger. it 97

– Alice im Wunderland. Mit zweiundvierzig Illustrationen von John Tenniel. Übersetzt und mit einem Nachwort von Christian Enzensberger. it 42

153/2/3.95

Englische und amerikanische Literatur im insel taschenbuch

Lewis Carroll: Briefe an kleine Mädchen. Aus dem Englischen übersetzt und herausgegeben von Klaus Reichert. Mit Fotografien des Autors. it 1554

Geoffrey Chaucer: Die Canterbury-Erzählungen. Vollständige Ausgabe. Aus dem Englischen übertragen und herausgegeben von Martin Lehnert. Mit Illustrationen von Edward Burne-Jones. it 1006

Gilbert Keith Chesterton: Alle Pater-Brown-Geschichten. 2 Bände in Kassette. it 1263/1149

– Pater-Brown-Geschichten. 24 Detektivgeschichten. Mit einem Nachwort von Norbert Miller. it 1149

– Die schönsten Pater-Brown-Geschichten. Großdruck. it 2332

Joseph Conrad: Herz der Finsternis. Erzählung. Aus dem Englischen von Reinhold Batberger. it 1730

Daniel Defoe: Glück und Unglück der berühmten Moll Flanders, die, im Zuchthaus Newgate geboren, nach vollendeter Kindheit noch sechzig wertvolle Jahre durchlebte, zwölf Jahre Dirne war, fünfmal heiratete, darunter ihren Bruder, zwölf Jahre lang stahl, acht Jahre deportierte Verbrecherin in Virginien war, schließlich reich wurde, ehrbar lebte und reuig verstarb. Beschrieben nach ihren eigenen Erinnerungen. Deutsch von Martha Erler. Mit Illustrationen von William Hogarth und einem Essay von Norbert Kohl. it 707

– Robinson Crusoe. Mit Illustrationen von Ludwig Richter. In der Übersetzung von Hannelore Novak. it 41

Charles Dickens: Bleak House. Aus dem Englischen von Richard Zoozmann. Mit Illustrationen von Phiz. it 1110

– David Copperfield. Mit Illustrationen von Phiz. it 468

– Detektivgeschichten. Aus dem Englischen von Franz Franzius. it 821

– Eine Geschichte aus zwei Städten. Mit Illustrationen von Phiz. it 1033

– Große Erwartungen. Aus dem Englischen von Margit Meyer. Mit Illustrationen von F. W. Pailthorpe. it 667

– Harte Zeiten. Aus dem Englischen von Paul Heichen. Mit Illustrationen von F. Walker und Maurice Greiffenhagen. it 955

– Nikolaus Nickleby. Mit Illustrationen von Phiz. it 1304

– Oliver Twist. Aus dem Englischen von Reinhard Kilbel. Mit einem Nachwort von Rudolf Marx und 24 Illustrationen von George Cruikshank. it 242

– Die Pickwickier. Mit Illustrationen von Robert Seymour, Robert William Buss und Phiz. it 896

– Der Raritätenladen. Aus dem Englischen von Leo Feld. Mit Holzschnitten von George Cattermole, H. K. Browne, George Cruikshank und Daniel Maclise. it 716

153/3/3.95

Englische und amerikanische Literatur im insel taschenbuch

Charles Dickens: Weihnachtserzählungen. Mit Illustrationen von Leech, Stanfiels, Stone u.a. it 358

Charles A. Eastman: Indianergeschichten aus alter Zeit. Deutsch von Elisabeth Friederichs. Mit einem Nachwort herausgegeben von Dietrich Leube. Illustrationen und Anmerkungen von Frederick Weygold. it 861

Henry Fielding: Tom Jones. Die Geschichte eines Findelkindes. 2 Bde. Mit Illustrationen von Gravelot und Moreau le jeune. Herausgegeben und mit einem Nachwort von Norbert Kohl. it 504

Penelope Fitzgerald: Frühlingsanfang. Roman. Aus dem Englischen von Christa Krüger. it 1693

Ben Hecht: Tausendundein Nachmittage in New York. Aus dem Amerikanischen von Helga Herborth. Mit Illustrationen von George Grosz. it 1323

James Joyce: Die Katze und der Teufel. Deutsche Übertragung von Fritz Senn. it 1610

D.H. Lawrence: Erotische Geschichten. Aus dem Englischen von Heide Steiner. it 1385

– Liebesgeschichten. Aus dem Englischen von Heide Steiner. it 1678

Matthew Gregory Lewis: Der Mönch. Aus dem Englischen von Friedrich Polakovics. Mit einem Essay und einer Bibliographie von Norbert Kohl. it 907

Lord Byron. Ein Lesebuch mit Texten, Bildern und Dokumenten. Herausgegeben von Gert Ueding. it 1051

Katherine Mansfield: Das Gartenfest und andere Erzählungen. Aus dem Englischen von Heide Steiner. it 1724

– Über die Liebe. Herausgegeben von Ida Schöffling. it 1703

Herman Melville: Moby Dick. 2 Bde. Aus dem Amerikanischen von Alice und Hans Seiffert. Mit Zeichnungen von Rockwell Kent und einem Nachwort von Rudolf Sühnel. it 233

James Morier: Die Abenteuer des Hadji Baba. Ein orientalischer Abenteuerroman. Herausgegeben von Hermann Rosenau. it 1731

Samuel Pepys: Das geheime Tagebuch. Herausgegeben von Anselm Schlösser und übertragen von Jutta Schlösser. Mit Abbildungen. it 637

Sylvia Plath: Das Bett-Buch. Aus dem Englischen von Eva Demski. Mit farbigen Illustrationen von Rotraud Susanne Berner. it 1474

Edgar Allan Poe: Sämtliche Erzählungen in vier Bänden. In Kassette. Herausgegeben von Günter Gensch. (Die Bände sind auch einzeln erhältlich)

153/4/3.95

Englische und amerikanische Literatur
im insel taschenbuch

Edgar Allan Poe:
Band 1: Der Teufel im Glockenturm und andere Erzählungen. Aus dem Amerikanischen von Barbara Cramer-Nauhaus und Erika Gröger. it 1528
Band 2: Die Morde in der Rue Morgue und andere Erzählungen. Aus dem Amerikanischen von Barbara Cramer-Nauhaus, Erika Gröger und Heide Steiner. it 1529
Band 3: Streitgespräch mit einer Mumie und andere Erzählungen. Aus dem Amerikanischen von Heide Steiner. it 1530
Band 4: Das Tagebuch des Julius Rodman und andere Erzählungen. Aus dem Amerikanischen von Erika Gröger, Andrea Sachs und Ruprecht Willnow. it 1531
– Der Bericht des A. Gordon Pym. Erzählungen. Übertragen von Barbara Cramer-Nauhaus, Erika Gröger und Heide Steiner. it 1449
– Das Geheimnis der Marie Rogêt und andere Erzählungen. Aus dem Amerikanischen von Werner Beyer, Felix Friedrich und anderen. it 783
– Grube und Pendel. Und andere Erzählungen. Mit einem Nachwort von Franz Rottensteiner und Illustrationen von Harry Clarke. Aus dem Amerikanischen von Günther Steinig. ›Grube und Pendel‹ wurde von Elisabeth Seidel übersetzt. it 362
– Grube und Pendel. Schaurige Erzählungen. Aus dem Amerikanischen von Erika Gröger. Großdruck. it 2351
– Der Untergang des Hauses Usher. Meistererzählungen. Aus dem Amerikanischen von Barbara Cramer-Nauhaus, Erika Gröger und Heide Steiner. it 1373

Gwen Raverat: Eine Kindheit in Cambridge. Roman. Aus dem Englischen übertragen von Leonore Schwartz. it 1592

Walter Scott: Ivanhoe. Roman. Deutsch von Leonhard Tafel. Textrevision und Nachwort von Paul Ernst. it 751

Charles Sealsfield: Das Kajütenbuch oder Nationale Charakteristiken. Herausgegeben von Alexander Ritter. it 1163

William Shakespeare: Hamlet. Prinz von Dänemark. Aus dem Englischen von August Wilhelm von Schlegel. Durchgesehen von Levin L. Schücking. Mit Illustrationen von Eugène Delacroix. Herausgegeben und mit einem Essay versehen von Norbert Kohl. it 364
– Romeo und Julia. Deutsch von Thomas Brasch. it 1383
– Die Tragödie des Macbeth. Aus dem Englischen von Thomas Brasch. it 1440
– Was ihr wollt. Aus dem Englischen von Thomas Brasch. it 1205

153/5/3.95

Englische und amerikanische Literatur im insel taschenbuch

William Shakespeare: Wie es euch gefällt. Übersetzt und bearbeitet von Thomas Brasch. it 1509

Mary W. Shelley: Frankenstein oder Der moderne Prometheus. Aus dem Englischen von Karl Bruno Leder und Gerd Leetz. Mit Fotos aus *Frankenstein*-Filmen und einem Essay und einer Bibliographie von Norbert Kohl. it 1030

Laurence Sterne: Leben und Meinungen von Tristram Shandy Gentleman. In der Übersetzung von Adolf Friedrich Seubert. Durchgesehen und revidiert von Hans J. Schütz. Mit einem Essay und einer Bibliographie von Norbert Kohl. Illustrationen von George Cruikshank. it 621

Robert Louis Stevenson: Die Schatzinsel. Aus dem Englischen von Karl Lerbs. Mit Illustrationen von Georges Roux. it 65

Robert Louis Stevenson / Lloyd Osbourne: Die falsche Kiste. Roman. Aus dem Englischen von Annemarie und Roland. U. Pestalozzi. Mit einem Nachwort von Norbert Miller. it 1605

Bram Stoker: Dracula. Aus dem Englischen von Karl Bruno Leder. it 1086

– Im Haus de Grafen Dracula. Erzählungen. Aus dem Englischen von Burkhart Kroeber, Michael Krüger, Norbert Miller, Friedrich Polakovics und Wilfried Sczepan. it 1522

Jonathan Swift: Gullivers Reisen. Mit Illustrationen von Grandville und einem Vorwort von Hermann Hesse. Aus dem Englischen übersetzt von Franz Kottenkamp. Vervollständigt und bearbeitet von Roland Arnold. it 58

William Makepeace Thackeray: Jahrmarkt der Eitelkeit. Ein Roman ohne Held. 2 Bde. Mit Illustrationen von Thackeray. Herausgegeben und mit einem Nachwort von Norbert Kohl. Dem deutschen Text wurde eine Übertragung aus dem Nachlaß von H. Röhl zugrunde gelegt. it 485

Mark Twain: Gesammelte Werke in 10 Bänden. Ausgewählt und zusammengestellt von Norbert Kohl. it 831-840

Band 2: Tom Sawyers Abenteuer. Bearbeitet von Karl Heinz Berger. Mit Illustrationen von True W. Williams. it 832

Band 4: Bummel durch Europa. Deutsch von Gustav Adolf Himmel. Mit Illustrationen der Erstausgabe von W. Fr. Brown, True W. Williams, B. Day u.a. it 834

Band 6: Leben auf dem Mississippi. Deutsch von Helene Ritzerfeld. Mit Illustrationen von Klaus Ensikat. it 836

Band 7: Huckleberry Finns Abenteuer. Deutsch von Barbara Cramer-Nauhaus. Mit Illustrationen von Edward W. Kemble. it 837

153/6/3.95

Englische und amerikanische Literatur im insel taschenbuch

Mark Twain:

Band 8: Ein Yankee am Hofe des Königs Artus. Deutsch von Maja Ueberle. Mit Illustrationen der Erstausgabe von Daniel C. Beard. it 838

H. G. Wells: Wie wird man Millionär? Aus dem Englischen von Johann Wagner. it 1716

Oscar Wilde: Gesammelte Werke in zehn Bänden. Herausgegeben von Norbert Kohl. it 582

Band 1: Das Bildnis des Dorian Gray
Band 2: Märchen und Erzählungen
Band 3: Theaterstücke I
Band 4: Theaterstücke II
Band 5: Gedichte
Band 6: Essays I
Band 7: Essays II
Band 8: Briefe I
Band 9: Briefe II
Band 10: Briefe III

– Aphorismen. Herausgegeben von Frank Thissen. it 1020
– Das Bildnis des Dorian Gray. Deutsch von Hedwig Lachmann und Gustav Landauer. Mit einem Essay, einer Auswahlbibliographie und einer Zeittafel herausgegeben von Norbert Kohl. it 843 und it 1645
– Die Erzählungen und Märchen. Mit Illustrationen von Heinrich Vogeler. Aus dem Englischen übersetzt von Felix Paul Greve und Franz Blei. it 5
– Gedichte. Herausgegeben von Norbert Kohl. it 1455
– Das Gespenst von Canterville. Erzählung. Mit Illustrationen von Oski. Aus dem Englischen von Franz Blei. it 344
– Der glückliche Prinz und andere Märchen. Aus dem Englischen von Franz Blei. Mit Illustrationen von Michael Schroeder und einem Nachwort von Norbert Kohl. it 1256
– Lord Arthur Saviles Verbrechen und andere Geschichten. Mit Illustrationen von Michael Schroeder. Aus dem Englischen von Christine Hoeppner. it 1151
– Salome. Dramen, Schriften, Aphorismen und ›Die Ballade vom Zuchthaus zu Reading‹. Mit Illustrationen von Marcus Behmer. it 107

153/7/3.95